현대인을 위한 신학총서 ①

교회행정학

양창삼 지음

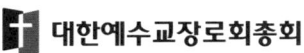
대한예수교장로회총회

발 간 사

이 땅에 복음이 들어온 지 불과 한 세기가 넘는 동안 한국 교회는 하나님의 크신 은총으로 괄목할 만한 성장을 이루어 세계 교회의 찬사를 받고 있습니다. 신앙의 열심과 세계 선교에 대한 큰 열정을 볼 때, 한국 교회를 통해 하나님께로부터 받은 사명이 꽃 피워지고 있다는 사실에 감사하지 않을 수 없습니다. 그러나 또 한편으로 한국 교회는 양적인 급성장에 비하여 질적인 성숙도가 부족하다고 우려하는 자성의 소리도 크게 들려옵니다.

각양 사상과 문화가 혼탁해지고 있고 상대주의, 다원주의의 물결이 넘쳐나는 혼돈의 시대에 그 어느 때보다도 성경적인 사고와 생활이 내면화되도록 지도자들과 평신도들을 질적으로 교육시키는 것이 시급하다고 판단됩니다. 그런 관점에서 이번에 총회 교육부가 기획한 신학총서는 개혁주의 신앙과 신학을 정립하고 성경적 삶을 살아가는 데에 많은 도움을 줄 수 있다고 생각합니다.

즉 하나님의 형상으로 창조되고 예수 그리스도의 피로 구속함을 입은 우리들은 이제 성경으로 돌아가 성경대로 사는 것을 구심점으로 삼아야 할 것입니다. "모든 성경은 하나님의 감동으로 된 것으로 교훈과 책망과 바르게 함과 의로 교육하기에 유익하니 이는 하나님의 사람으로 온전하게 하며 모든 선한 일을 행할 능력을 갖추게 하려 함이라"(딤후 3:16~17)는 말씀처럼 철저하게 성경을 근거로 세계관을 확립하고, 바른 신앙과 신학을 정립하여 성경적인 삶의 열매를 맺는 데에 본 신학총서가 도움이 되기를 바랍니다.

따라서 이 신학총서는 성도들이 효과적으로 신학을 이해할 수 있는 개론적 성격을 띠고 있습니다. 성경을 쉽게 이해할 수 있도록 하는 「구약개론」·「신약개론」, 초대교회 이후의 교회의 역사를 다룬 「기독교 교회사」와 개혁주의 핵심 진리를 다룬 「장로교 기본교리」, 예배와 교회행정, 그리고 섬김의 진정한 의미를 깨닫게 하는 「예배학」·「교회행정학」·「청지기론」, 말씀을 지켜 살아야 할 현대 그리스도인들의 사명과 윤리를 다룬 「기독교인의 생활윤리」 등을 주요 과목으로 선정, 발행하게 되었습니다.

신학생들과 평신도들이 본 신학총서를 숙독함으로 교회를 바르게 섬기고 나아가 한국의 복음화에 기여하는 선한 일꾼들이 되기를 간절히 기원합니다.

1998년 4월
대한예수교장로회총회
교육부장

저자서문

비록 작은 책이지만 총회를 위해, 그리고 한국교회를 위해 이 글을 쓰게 된 것에 대해 하나님께 감사하는 마음이 무엇보다 앞선다. 96년도에 「교회경영학」을 출간하여 교회에도 경영이 필요하다는 것을 강조한 바 있고 이번에 「교회행정학」을 쓰게 되었다. 교회경영학은 교회행정학과 유사한 점이 많아 이 글을 씀에 있어서 내용의 중복을 막고 서로의 차별성을 유지하기 위해 노력했다.

교회행정학은 일반행정학과는 달리 주님의 몸된 교회를 실질적으로 관리함에 있어서 보다 성경적이고, 보다 하나님의 뜻에 맞는 방법을 찾기 위한 학문이라는 점에서 교회에 큰 유익을 준다. 교회행정학이 실천신학의 한 부분이 되는 것은 이 때문이다. 신학교에서 학생들에게 가르쳐질 뿐 아니라 목회자들이 목회현장에서 실질적으로 부딪히는 문제를 다루고 있어 신학에서도 실용성이 높다.

지금까지 교회행정학은 일반행정학의 이론과 기법을 도입하고 교회헌법에 입각한 교회기구와 직책을 자세히 소개하는 것으로 일관되어 왔다. 따라서 교회행정학이 헌법학인지 교회정치학인지 구별하기 어려울 정도였다. 이 글은 이러한 단점을 크게 수정하여 다름의 폭을 넓히고 새로운 환경변화에 교회가 어떻게 문제를 관리해 나가야 하는가에 보다 초점을 맞추었다.

이 책은 크게 14장으로 나뉘어 있다. 1장과 2장은 교회행정학의 기본개념을 설명하였다. 교회행정학이 기본적으로 다뤄야 할 사항은 계획, 조직, 지휘, 통제에 관한 것이다. 3장에서 5장까지는 계획(기획)과 연관된 내용을 다루었고, 6장에서 8장까지는 교회조직에 관한 문제를, 9장은 교회의 성장과 관리의 문제를, 그리고 14장은 변화하는 사회에서 교회가 나아가야 할 방향에 대해 언급하였다.

이 책은 부피의 한정 때문에 교회행정학의 모든 면모를 자세히 다루기는 사실상 어려웠다. 하지만 교회행정학의 일반적 사항과 변화하는 환경 속에서 교회가 주목해야 할 부분들에 대해 때로는 넓게, 때로는 깊게 다루었다. 교회행정학을 학문적으로 다룰 필요도 있기 때문에 이 부분에 대한 배려도 잊지 않았다. 그러나 교회행정학을 아주 깊게, 그리고 실질적으로 알고 싶어하는 독자들의 욕구에는 미흡함이 있을 것이다. 더욱 연구하고 싶은 독자는 교회행정학에 관한 다른 책들을 참고하기 바란다.

한 권의 책으로 한국사회가 변화되기를 바란다는 것은 지나친 희망일 수 있다. 한 권의 책으로 한국의 교회가 변화되기도 어려울 것이다. 그러나 하나님은 교회가 변하고 갱신되기를 바라고 계신다. 교회행정을 공부한 사람들은 이 점을 잊어서는 안된다.

1998년 4월
양 창 삼

차 례

1. 교회행정의 기본개념 ········· 9
   교회란 무엇인가 • 9
   교회의 특성 • 12
   교회행정의 지향점 • 15

2. 교회행정의 기능과 관리자의 역할 ········ 19
   교회행정의 4대 기능 • 19
   교회관리자의 역할 • 24

3. 교회행정과 계획 ········· 31
   계획과 계획화 • 31
   계획의 특성 • 32
   계획의 원칙 • 33
   계획의 종류 • 35
   계획수립시 유의할 점 • 37

4. 목표관리와 교회의 유효성 전략 ········ 43
   목적과 목표의 차이 • 43
   목표관리 • 44
   기획위원회의 활성화 • 45
   미래사회와 목표설정 • 46
   교회목표에서 고려되어야 할 것들 • 47
   목표관리와 교회의 유효성전략 • 49

5. 문제분석과 의사결정 ········ 55
   교회관리자에게 필요한 네 가지 분석 • 55
   예측의 세 종류 • 60
   의사결정 모형 • 67

6. 교회조직과 대의민주제도 ······················ 73

이스라엘의 성전과 회당 조직 • 73
장로와 대의조직 • 74
상회 조직 • 77
신정과 민정 • 78
칼빈의 장로제와 민주제도의 확산 • 79
교회의 주인은 오직 하나님 • 80

7. 교회의 기구와 직책 ······················ 85

교회의 기구 • 85
교회의 직책 • 91

8. 교회기관 관리 ······················ 101

교회기관 관리 • 101
새신자 및 구역관리 • 107
기획관리, 멀티미디어 관리, 사회봉사관리 • 111

9. 조정과 통제 ······················ 115

조정과 통제의 개념 • 115
통제의 종류 • 116
통제와 저항 • 118
조정 및 통제원칙 • 119
교회의 주요 통제 • 122
정보와 통제 • 125

10. 커뮤니케이션과 교회행정 ······················ 129

지도자와 커뮤니케이션 • 129
주보와 커뮤니케이션 • 132
회의와 커뮤니케이션 • 133
멀티미디어와 커뮤니케이션 • 134
전산화와 커뮤니케이션 • 138

11. 인간관계 ······ 143
인간관계의 개념 • 143
그리스도인의 인간관계 • 144
인간관계의 문제점 • 145
인간관계향상을 위한 기본적 태도 • 147
그리스도인의 바람직한 인간관계 • 152
한국인과 인간관계 • 158

12. 교회지도자와 리더십 ······ 163
교회지도자와 리더십 • 163
리더십 유형 • 164
교회지도자에게 요구되는 성경적 리더십 • 170
교회지도자에게 요구되는 품성 • 172
21세기와 한국교회의 리더십 • 174

13. 교회의 성장과 관리 ······ 181
작은 교회와 큰 교회 • 181
교회의 성장과 조직의 변화 • 184
성장하는 교회의 특성 • 185
교회의 성장과 관리 • 190

14. 미래사회와 교회행정 ······ 197
3순세기 도래와 교회의 속성변화 • 197
교회행정의 역사적 변화 • 202
교회행정의 4상한 • 203
미래지향적 교회행정을 위한 제언 • 210

1. 교회행정의 기본개념

교회란 무엇인가

카할과 에클레시아

교회행정의 주어는 행정이 아니라 교회이다. 따라서 교회에 대한 바른 정의나 역사관이 정립되지 않고 행정을 논할 수 없다. 교회는 여러 가지 말로 전해지고 있지만 교회를 나타내는 대표적인 말로 히브리어의 카할(kahal)과 희랍어의 에클레시아(ekklesia)가 있다. 이 말은 '부르심(calling),' '부름을 받아 나온(calling-out),' '택함받은(chosen)' 이라는 뜻을 가지고 있다. 이 뜻을 보면 교회는 세상과는 구별된 곳이요 하나님의 특별하신 부르심을 받아 과거 세상과는 구별된 삶을 살기로 작정한 사람들이 모이는 곳임을 알 수 있다. 따라서 교회나 교인은 과거의 삶의 형식과는 아주 다른 삶을 살아야 한다. 과거의 삶으로부터 불러낸 바 되었기 때문이다. 과거의 삶으로 다시 돌아가는 것은 그리스도인이 해야 할 일이 아니다.

1560년 스코틀랜드 신앙고백서에 따르면 교회는 아담 때부터 시작되었다. 그만큼 역사가 있다. 그러나 에클레시아의 시작은 아브라함 때부터라는 것이 일반적이다. 아브라함 전에도 부르심을 받은 자가 있었고, 택함받은 사람이 있었지만 하나님의 백성으로서 공동사회성을 띤 것은 아브라함 때부터이기 때문이다. 그는 무엇보다 본토 아비 친척집을 떠나 하나님이 지시하신 땅으로 갔다. 이것은 명백한 부르심이자 그 부르심에의 순종은 과거의 삶으로부터의 단절을 뜻한다. 리스(J. Leith)에 따르면 그는 왕국을 세울만한 인간이 아니었고 거룩한 삶을 산 성자도 아니었다. 그러나 그는 믿음이 있었고, 이기적이지 않았으며, 영적인 사람이었다(Leith, 4). 그는 하나님의 말씀을 순종했고, 하나님은 그와 그의 후손에게 은혜의 약속을 주셨다. 믿음이 있는 모든 백성도 아브라함처럼 복을 받는 약속을 함께 주셨다. 아브라함이 복의 근원이 된 것이다. 하나님과 아브라함 사이의 언약관계가 없었다면 우리는 구원과는 관계 없는 사람이 되었을 것이다. 아브라함은 하나님의 약속을 믿는 자들과 모임을 갖기 시작했고, 하나님의 교회는 복음과 약속 위에 세워지게 되었다. 이로 미루어 볼 때 카할이나 에클레시아는 하나님의 약속에 바탕을 둔 구원의 공동체임을 알 수 있다.

쿠리아케

오늘날 우리가 사용하고 있는 교회, church, Kirche 등은 카할이나 에클레시아가 담고 있는 의미를 충분히 담고 있지는 않다. 잉글랜드의 church, 스코틀랜드의 Kirk, 독일의 Kirche, 네덜란드의 Kerke 모두 에클레시아에서 나온 것이 아니라 '쿠리아케'(k uriake)에 바탕을 두고 있다. 쿠리아케는 '주님께 속한' 이라는 의미를 가진 것으로 고린도전서 11장 20절과 요한계시록 1장 10절에 나온다. 부룬너(E. Brunner)는 에클레시아와 church는 구별되어야 한다고 말하고, 1900년간 사람들은 에클레시아와 교회를 오해하고 있다고 주장했다. 물론 어원에 있어서나 의미에 있어서나 차이는 있다. 그러나 우리가 교회를 church로 사용했다고 해서 아주 틀린 것은 아니다. 교회는 누구보다 주님께 속한 곳이어야 하기 때문이다.

신학적으로 볼 때 '주님에게 속한'이 가지고 있는 의미는 여러 가지다. 계시론적 의미는 주님의 말씀만이 로고스라는 것이고, 신론적으로 볼 때는 여호와만이 길이며, 인죄론적으로는 사람은 하나님의 것이고, 기독론적으로는 주님만이 주권자이시며, 구원론적으로는 주님만이 구원자이시고, 내세론적으로는 초자연적으로 실재하신 그분에 의해 우리는 내세론적 종말을 향해 성장한다.

수나고게

교회를 가리켜 수나고게(sunagoge)라 부르기도 한다. 이것은 '가져오다, 한 곳에 모이다, 함께 오다'라는 뜻을 가지고 있다. 교회는 모이는 곳이요 함께 오는 곳이다. 그러나 수나고게는 유대인의 회합이나 건물을 가리키는 회당적 의미 때문에 널리 사용되지 않고 있다. 유대인들은 곳곳에 회당을 가지고 있었다. 회당은 수나고게, 곧 모임을 뜻한다. 교회도 그리스도인들이 모이는 곳이기는 하다. 그러나 교회는 단순한 모임이 아니다. 성령에 의하여, 믿음에 의하여, 하나님 아래서 연합된 사람들의 모임이다. 회당적 모임이 아니라 에클레시아적 모임인 것이다. 구원의 깊은 뜻과 하나님의 특별한 뜻을 이루기 위해 모인 하나님의 교회(ekklesia tou Theou)이다. 예수 그리스도는 이 땅에 또다른 회당을 세우시기 위해 오신 것이 아니다. 약속대로 우리를 구원하시고, 다시 불러 교회를 통해 선택받은 자 답게 구별된 삶을 살며 하나님의 뜻을 이루기 위해 오셨다.

교회의 특성

교회는 무엇보다 예수를 그리스도로 고백하고, 하나님을 경배하며 그 뜻대로 살기 위해 조직되었다. 하나님의 뜻은 하늘나라에서 뿐 아니라 이 땅에서도 실현되어야 한다. 교회는 이 땅에서 예수를 구주로 고백한 사람들이 주님의 뜻대로 살기 위한 조직이다. 이를 위해 교회는 다음과 같은 특성을 가지고 있어야 한다.

하나님의 백성

교회는 하나님의 백성이 모인 곳이다. 교회는 그의 소유된 백성이 모인 곳이며 택하신 족속이자 왕같은 제사장들이 모인 곳이다. 바울은 참 이스라엘, 참 백성에 대해 말한다. 참 백성을 라오스(laos)라 부른다. 라오스는 새 언약의 백성들, 아브라함의 아들, 하나님의 왕같은 권속, 예루살렘의 자녀들 등 여러 명칭으로 불린다. 야고보는 하나님이 이방인 중에서 자기 이름을 위할 백성을 취하시려고 우리를 구속하셨다고 말한다. 이 백성이 바로 라오스다.

하나님의 백성은 언약의 백성이다. 언약은 하나님이 우리를 택하시고, 사랑하시며, 기업을 주시고, 성별시켜 남은 자로 살게 하시는 주권적 사역이다. 교회의 기본은 성도 한 사람 한 사람에게 있다. 바울은 성도를 가리켜 성전이라 했다. 그 몸 하나 하나가 성전인 것이다. 이것은 단순히 우리의 육체를 의미하는 것은 아니다. 그 백성답게 살아야 하는 것을 의미한다. 하나님이 거룩하신 것같이 그의 백성도 거룩하고, 교회도 거룩해야 한다.

그리스도의 왕국

교회는 주님의 몸이다. 그리스도의 왕국은 하나님 나라이며 성별된 언약의 백성들이 종말론적 축복을 누리며 사는 곳이다. 교회에는 항상 그리스도가 중앙에 자리잡고 있어야 한다. 그리스도의 영만이 교회의 생명이 되기 때문이다. 그리스도께서 왕된 나라가 바로 교회이다. 교회는 언약이 살아있는 곳이며, 언약의 말씀이 선포되는 곳이다. 교회는 그 말씀에 따라 순종의 삶을 살아감으로써 그리스도의 영광을 보여주어야 한다.

교회를 가리켜 그리스도의 몸이라 부르는 것은 교회 속에는 그리스도의 생명이 살아움직여야 한다는 것을 의미한다. 교회는 무엇보다 그리스도의 주권이 실현되어야 한다. 그 주권은 우리가 그 나라 안에서 그리스도와 연합함으로써 나타난다. 우리가 그리스도와 연합하는 삶을 살 때 그리스도의 영적 생명과 연합되고 성별된 삶을 살 수 있다. 교회는 이 일을 위해 존재한다.

성령의 교제

하나님의 백성은 그리스도와 연합하며, 그리스도와 연합한 사람은 성령 안에서 교제의 삶을 산다. 따라서 교회는 성령의 교제가 이루어지는 곳임을 알 수 있다. 교제는 '코이노니아'(koinonia)라 부른다. 코이노니아는 명사로 '공동으로 갖는 것'(communio)이라는 교제의 의미를 가지고 있다. 그러나 동사적 표현인 '코이노네인'(koinonein)은 단순한 교제보다 '참예한다'(metechein), '함께 한다'는 적극적 의미를 가지고 있다. 그리스도와 함께 참예한 자, 곧 그리스도로 인한 축복은 물론 그의 남은 고난도 함께 나누는 자라는 강한 의미가 담겨 있다. 하나님의 백성이자 그의 자녀로서 그분의 모든 것에 참예한다.

성령의 교제는 성도의 교제로 나타난다. 성도의 교제는 그리스도 안에 있는 공통된 삶에 대한 것으로 속 사도시대에는 성도의 교제에 있어서 언약적 고백을 강조했다. 언약적 고백이란 성령이 아니고는 주라고 고백하지 못한다는 말씀에 근거한다. '주는 그리스도시요 살아계신 하나님의 아들'이라는 고백 위에 교회가 세워졌기 때문이다. 이 고백을 통해 구원을 확신하고 언약을 확고히 한다. 언약적 고백에는 말씀고백, 신앙적 고백, 생활의 고백으로 나뉜다. 말씀고백은 교회는 말씀에 바탕을 두었다는 고백이다. 교회는 진리의 기둥이자 터로 이 진리는 살아있는 하나님의 말씀을 가리킨다. 신앙적 고백은, 성령 안에서 예수를 그리스도로 고백하는 것을 말한다. 교회가 성례를 강조하는 것은 이러한 고백적 신앙아래서 그의 피와 살을 나눔으로 그리스도와 하나되기 때문이다. 생활의 고백은, 말씀이 생활 속에 나타남을 말한다. 교회가 권징을 시행하는 것은 벌을 주기보다 말씀이 우리의 인격과 생활 속에 나타나도록 하는데 목적을 두고 있다.

성령의 교제를 하는 교회는 성령 안에서라는 신앙고백에 따른 교제, 성령의 감동에 의한 말씀의 고백적 교제, 그리고 성령에 좇아 열매를 맺는 인격적 교제를 해야 한다.

교회행정의 지향점

교회를 교회답게 만든다

교회행정은 무엇보다 교회를 가장 교회답게 만드는 데 목적을 두고 있다. 교회행정은 단순히 교회의 각종 문서를 깨끗이 정리하거나 교역자의 명령아래 일사불란하게 통치되는 것을 의미하지 않는다. 그것은 어느 일반조직에서도 하는 일이다. 그럼에도 불구하고 교회행정을 문서정리, 사무실관리에 한정시키는 잘못을 범하고 있다. 교회행정이 이것에 한정된다면 교회행정이라 불릴 필요가 없다. 교회행정은 교회가 말씀에 바로 서며, 성도 모두가 고백적 신앙아래 뭉치고, 그 말씀이 생활 속에 나타나도록 하는 데 도움을 줄 수 있어야 한다.

행정을 가리켜 'administration'이라 한다. 이 말은 '봉사한다'(serve)는 뜻을 가진 라틴어 '미니스타레'(ministare)에서 유래된 것이다. ad는 방향이나 목적을 강조하는 접두어이다. 그러므로 행정은 봉사가 그 근본이다. 장관이나 목사를 가리켜 minister라 하는 것은 그들이 기본적으로 봉사자여야 한다는 것을 가리키고 있다.

봉사자는 종이 되어야 한다. 목사는 말씀의 종이 되어야 한다. 말씀의 종이라는 것은 단지 설교를 잘해야 된다는 것이 아니라 그 말씀대로 준행하는 삶을 살아야 한다는 것을 가리킨다. 하나님의 말씀을 앞서서 수행하고, 그리스도의 모범을 보이며, 다른 교인들이 그 모범을 따르도록 해야 한다. 그 일은 예배에서 뿐 아니라 여러 교회 활동을 통해 나타나야 한다. 교회행정은 교회가 이처럼 바른 길로 가는데 도움을 주어야 한다.

살아있는 교회를 만든다

교회는 무엇보다 살아있어야 한다. 말씀이 죽어있고, 성령의 자리가 비어있고, 성도의 삶에서 그리스도의 생명을 전혀 느낄 수 없다면 그 교회는 희망이 없다. 교회행정은 이렇듯 죽어가는 교회를 회복시키는 역할을 해야 한다.

교회행정은 교회가 얼마나 생동감있게 변화되고 있는가로 나타나야 한다. 말씀으로, 성령으로 달라지는 교회는 살아있는 교회이다. 많은 한국의 목회자들이 미국이나 유럽의 교회를 방문한다. 그곳을 방문하여 예배를 드리지만 예배형태 뿐 아니라 분위기, 구조 그리고 성도들 간의 사랑이 어떠한지를 피부로 느끼게 된다. 교회는 다 같아 보이지만 나름대로 특색이 있다. 다시 가보고 싶은 교회가 있게 되는가 하면 별반 인상을 남기지 못하는 교회도 있다. 다시 방문하여 배우고 싶다고 말하는 교회는 살아있는 교회이다. 특히 말씀이 살아있다. 말씀이 살아있기 때문에 교회도 생동감이 넘치고 교인의 생활모습도 다르다. 이러한 교회는 다시 방문하도록 마음을 끄는 교회가 된다.

하나님의 이름만을 높이는 교회를 만든다

바울은 빌립보서 1장 20-21절을 통해 내 몸에서 예수님이 존귀히 되기를 소망한다. 이것은 어떤 상황에서든지 하나님의 영광만을 드러내기를 바라는 순수성을 보여준다. 이 순수성은 바울을 시기하던 사람들에 대한 그의 태도에서도 나타난다. 자기야 어찌되든 전파되는 것이 그리스도라면 더 이상 탓할 것이 없다는 것이다.

교회행정가는 예수 그리스도를 위해 일하는 사람이어야 한다.

바울은 살든지 죽든지 그리스도가 존귀히 되기를 소망했다. 그가 바라는 것은 목사의 이름이나 교회이름이 아니다. 차라리 목사의 이름이나 교회의 이름이 나지 않아도 좋다. 오직 예수 그리스도의 이름만 나타나면 된다. 횟필드는 말한다. "횟필드라는 이름은 사라지게 하라. 오직 예수 그리스도의 이름만 남게 하라"고. 오늘의 한국교회에 필요한 것은 바로 아무개 목사, 아무 교회가 아니라 오직 예수 그리스도의 이름만 남게 하는 것이다. 교회행정은 바로 예수 그리스도의 이름을 높이는데 있다. 그 외에 다른 것을 남겨두고 싶다면 그것은 잘못된 행정이다.

【 도움되는 말 또는 사례 】

* 카이퍼가 말하는 교회의 특성

- 교회의 보수성(신앙)과 진보성(성장적 요소)이다. 교회는 신앙을 지켜야 하며 진보해야 한다.
- 교회의 불멸성이다. 하나님의 언약과 복음은 변하지 않는다. 어떤 핍박에도 이것은 보전되어야 하며 이단에 맞서고 진리의 성령에 인도되어야 한다.
- 교회의 초월성이다. 초월성은 초자연성과 신적 기원에 있다. 교회는 은혜의 언약에 의한 하나님의 백성들이 모인 곳이며 그 은혜의 복음을 계속 전파해야 한다.
- 교회의 성결성이다. 교회는 언제나 거룩함을 유지해야 한다.
- 교회의 영광이다. 교회는 머리되시는 주님을 모시는 곳이다. 주님은 언약의 머리가 되시고, 통치의 머리가 되신다.

【 생각해 볼 문제 】

1. 교회를 어원적으로 살펴보고, 한국의 교회는 어떤 교회가 되어야 한다고 생각하는지를 말해보라.
2. 성경적으로 볼 때 교회는 어떤 특성을 가져야 한다고 생각하는가? 여러분이 속한 교회는 과연 이런 특성을 가지고 있는가?
3. 성령의 교제와 성도의 교제는 어떻게 연관되는가? 언약적 고백에 따른 세 가지 유형의 교제를 설명해보라.
4. 한국교회가 지향해야 할 행정의 방향은 무엇인가?

【 참고문헌 】

- Leith, J.H., The Church a Believing Fellowship(John Knox, 1982).
- Schaff, Creeds of Christendom: The Scotch Confessions of 1560.

2. 교회행정의 기능과 관리자의 역할

교회행정의 4대 기능

페욜(H. Fayol)은 관리의 주요기능으로써 계획, 조직, 명령, 조정, 그리고 통제를 들었다. 관리자라면 일반적으로 이런 기능을 수행한다고 보았다. 그러나 그를 따르는 학자들이 관리과정학파로 발전하면서 그 기능이 다양하게 제시되었다. 지시, 지도, 자극, 요원화, 자원배합, 보고, 예산, 영향 등이 추가되었다. POSDCORB는 계획, 조직, 요원화, 지시, 조정, 예산 등을 합한 관리기능을 나타낸다. 이 가운데 행정의 4대 기능으로 계획, 조직, 지도, 그리고 통제가 손꼽히고 있다. 이 네 가지 기능을 가리켜 관리기능의 보편성(universality of management)이라 한다. 교회행정도 이 기능들을 매우 중시하고 있다.

계획

　계획(planning)은 장래에 관하여 미리 사고하고 결정하는 과정을 말한다. 이것은 장래의 경영을 가능한 한 정확하게 예측하고 통제하려는 노력에서 비롯되었으며, 특히 여러 대안에서 목표, 예산, 절차 및 사업계획을 선택하는 관리자의 기능에 해당한다. 계획은 기존의 추세에 어떤 형태로든 수정과 통제를 가하여 미래의 모습을 보다 바람직한 방향으로 바꾸어 보려는 것이므로 매우 중요한 관리기능이다.

　교회행정에서 계획은, 교회를 통해 하나님의 나라를 이루기 위한 목표를 달성하는 데 뜻을 두고 있으며 이를 위해 이용할 수 있는 미래의 방법·절차를 의식적으로 개발하는 데 관심을 가진다. 이러한 계획의 특징으로 미래지향적이며 목표지향적인 것은 물론 궁극적으로는 하나님 나라의 실현을 들 수 있다.

　계획은 이 땅에서 하나님 나라의 실현을 위해 교회가 효율적인 수단을 강구하는 합리적인 의사결정 과정이자 바람직한 방향으로의 행동과 집행을 지향하는 것이기 때문에 교회관리자는 미래지향성과 합리성을 추구할 필요가 있다. 교회관리자는 과거의 경험과 축적된 정보를 바탕으로 장래에 일어날 사태를 미리 예측하여 그 대비책을 강구해 둠으로써 임기응변에 의한 시행착오를 방지해야 한다. 그리고 목적을 달성하는데 있어서 교회관리자는 가능한 한 최적의 수단과 방안을 모색하며 주어진 자원을 가장 효율적으로 활용함으로써 하나님의 영광을 드러내야 한다.

　계획은 기획, 프로그램이나 프로젝트, 정책과 여러 가지 점에서 구별된다. 행정학에서는 계획보다는 기획이라는 단어를 주로 사용하고 있다. 이 경우 기획은 일이 이루어지는 과정을 의미하고,

계획은 기획의 결과로 얻어지는 산물로서 최종안을 의미한다. 프로그램이나 프로젝트는 계획이 보다 세분화·구체화되어 사업계획으로 나타날 때 사용한다. 정책은 보다 일반성을 지니는데 비해 계획은 정책보다 특정성·구체성을 띤다. 이 책에서는 기획과 계획을 구분하기보다 계획으로 통일하여 사용하고자 한다.

조직
조직(organizing)은 기관화, 곧 유기체화를 뜻한다. 조직이라는 말은 원래 기관이라는 뜻을 가진 라틴어 '오르가논'(organon)에서 나왔다. 우리 몸은 여러 기관으로 구성되어 있다. 만일 어떤 기관이 나로부터 분리되고자 한다면 그 기관은 분리되는 즉시 썩어지며, 나는 그것이 없어 죽거나 또는 불편하게 살아가지 않으면 안 된다. 기관은 모양이 다르고 기능이 다르지만 서로 어우러져 힘을 합할 때 살아있게 된다. 조직은 이런 의미에서 기관화이다. 기관화가 바로 되어 있을 때 그 조직은 유기체적으로, 동태적으로 살아있게 된다.

교회도 여러 기관을 가지고 있다. 작게는 구성원 하나 하나가 기관이요, 넓게는 주일학교·제직회 등 교회의 기관들이 있다. 사회적으로 보면 교회도 하나의 기관이다. 고린도전서 12장은 우리로 하여금 지체의식을 갖도록 하고 있다. 몸은 하나이나 많은 지체가 있고 몸의 지체가 많으나 한 몸임과 같이 우리가 각 지체를 사랑하고 연약한 지체를 도울 때 아름다운 하나님의 나라를 이뤄나갈 수 있다. 조직에 있어서 기본이 되는 이 지체원리는 바로 성경말씀에 바탕을 두고 있다. 따라서 '교회는 조직이 아니다'라고 말하는 것은 옳지 못하다.

교회행정에 있어서 조직화는 교회의 목적을 달성하기 위해 여러 자원, 부서 또는 직무를 배열함으로써 구성원들이 효과적으로 그리고 능률적으로 함께 일할 수 있도록 하는 과정이다. 이것은 수행해야 할 과업, 수행할 사람, 과업의 집단화, 보고체계 및 의사결정을 해야 하는 조직상의 위치와 연관된다. 이를 위해 교회관리자는 필요로 하는 활동을 명확히 구분하고, 목표를 달성하는데 필요한 활동을 집단화하며, 감독에 필요한 권한을 관리자에게 분담하며, 수직적으로나 수평적으로 협조하도록 해야 한다(Koontz et al., 1982).

교회관리자는 조직이 그 목적을 달성하기 위해 구성원들 간의 관계의 구조를 정하고 조직을 설계할 필요가 있다. 조직구조에 관한 의사결정은 조직계획에 따른 것이어야 하며 이와 관련하여 구성원, 과업, 보상시스템, 전략 등이 수립된다. 파슨즈(T. Parsons)에 따르면, 교회는 패턴을 유지하기 위한 조직(pattern-maintenance organization)이라는 점에서 경제적인 목적을 수행하는 기업이나, 정치적 목적을 수행하는 정부, 어떤 사회적 기대를 충족시키기 위해 갈등조정에 관련된 업무를 수행하는 사법부와 성격을 달리한다. 이때 패턴이라 함은 독특한 문화와 가치를 창조하고 보존하며 전수시키는 것을 말한다(Parsons, 1960). 따라서 교회관리자는 교회가 어떤 가치와 문화, 그리고 규범을 존중하는가에 대한 깊은 인식에서 조직을 구조하고 설계할 필요가 있다.

지도

교회관리자는 교회전반의 방향을 설정하여 교회의 미래적 환상을 제시하고 설계함에 있어서 지도력을 발휘해야 한다. 지도(leading)는 지시(directing), 영향(influencing), 또는 동기부여(motivating) 등 여러 내용을 함께 담고 있다. 이것은 계획을 수립하고 조직구조를 만들고 사람을 채용한 다음에 어떻게 조직을 이끌어 가야 하는가에 주로 관심을 가지고 있다.

지도는 지도능력, 조종, 다스림을 뜻하는 '구베르네시스'(gubernesis)에서 성경적 어원을 찾을 수 있다. 고린도전서 12장 28절은 이를 다스리는 것으로 번역하여 교회에서의 지도자가 어떤 직을 수행해야 하는가를 나타냈다. 사도행전 27장 11절과 요한계시록 8장 17절은 이 지도자를 선장으로 표현했다. 이것으로 미루어 볼 때, 교회지도자는 교회의 목적을 이루기 위해 하나님께 순종하고 봉사하며 다스리는 직무를 수행할 책임이 있고, 교회행정은 교회가 순종하는 길로 바르게 나아가도록 해야 한다는 것을 알 수 있다.

교회관리자가 유의해야 할 것은 지도는 지배와 다르다는 점이다. 지도에는 추구해 나가야 할 방향이 있고, 민주성이 있고, 배려가 있고, 성원의 성숙성이 있다. 그럼에도 불구하고 어떤(이성희, 73)이는 교회행정을 통치로 착각한다. 행정에는 봉사적 개념이 강함에도 일부러 통치적 개념, 곧 지배개념을 부각시킨다. 그러나 통치를 나타내는 government도 지배의 의미보다는 봉사, 곧 섬김의 의미가 더 많이 포함되어 있다는 것을 잊어서는 안된다.

통제

통제(controlling)는 계획 및 조직기능에 이어지는 기본적이고 상호의존적인 주요 관리기능이다. 통제는 다른 모든 관리기능과 분리될 수 없을 만큼 서로 깊은 관련을 맺고 있다. 통제는 조직의 목표를 달성하기 위한 구체적인 계획에 따라 실시되었는가, 조직의 여러 자원이 목표달성을 위해 가장 효과적이고 능률적으로 쓰여지고 있는가를 확인하기 위한 체계적인 과정이다. 이 과정을 통해 구체적인 계획, 기대되는 표준에 일치하도록 조직활동을 조절하는 것이 통제이다. 한 마디로 잘못된 것을 바로 잡는 것이다.

그러나 대부분 통제를 거부하는 태도를 취하고 있다. 통제행위가 개인의 자유와 자율성을 위협한다는 생각 때문이다. 그래서 자유는 좋은 것이고 통제는 나쁜 것이라는 말까지 하게 된다. 물론 지나친 통제는 일할 의욕을 떨어뜨리고 창의성을 발휘하지 못하게 하는 역기능이 있다. 그러나 사회에 통제시스템이 없다면 소동·혼란·무정부상태를 유발할 수 있듯이 조직에 통제시스템이 없다면 조직은 표류하고 만다. 통제를 하지 않으면 조직은 혼돈 속에 빠지고 목표달성에 비능률을 초래하게 된다. 따라서 조직에 통제가 필요없는 것이 아니라 꼭 필요한 기능이다. 다만 알맞는 통제의 수준이 어느 정도이며 그것을 어떻게 설정할 것인가 하는 것이 문제이다.

교회관리자는 복잡하고 급변하는 환경에 교회가 효과적으로 적응하기 위해서, 작은 오류를 사전에 조치하여 보다 큰 위험에 봉착하지 않기 위해서, 그리고 무엇보다 교회의 제반활동이 하나님의 뜻에 합하는지를 알기 위해서 통제에 관심을 둘 필요가 있다.

교회관리자의 역할

관리자는 일반적으로 계획의 기능, 조직화 기능, 지도기능, 그리고 통제의 기능을 수행한다. 이것은 관리자를 기능적으로 보는 관점이다. 관리자를 역할중심으로 살펴볼 수도 있다. 민쯔버그 (H. Mintzberg)의 관리자의 역할론은 대표적인 보기에 해당한다. 그는 관리자의 역할을 크게 대인적 역할, 정보처리 역할, 의사결정의 역할로 구분하였다(Mintzberg, 1975). 이것을 교회행정과 관련시키면 다음과 같다.

대인적 역할은 대표자의 역할, 리더의 역할, 연락자의 역할로 나눈다. 대표자의 역할은 교회관리자가 조직의 대표자로서 행사에 참여하고 사회적 의무를 다하는 것을 말한다. 리더의 역할은 아랫사람들에게 동기를 부여하고 바람직한 방향으로 이끄는 역할을 수행하는 것을 말한다. 교회관리자의 경우 영적인 문제에 있어서 모범이 되고 교회가 영적으로 살아 움직이도록 리더의 역할을 수행할 필요가 있다. 연락자적 역할은 특히 대외적인 접촉을 유지하는 것과 연관된다.

정보처리의 역할은 정보수집을 위한 모니터 역할, 정보를 제공하는 역할, 그리고 대변자적 역할을 말한다. 교회관리자는 교회운영에 필요한 정보를 수집하며, 그것을 교회구성원에게 전달할 필요가 있다. 정보화사회가 될수록 이 역할은 중시된다. 대변자적 역할은 필요한 정보를 교회 밖으로 전하는 것을 말한다. 교회관리자는 교회 안 뿐 아니라 밖에도 관심을 가질 필요가 있다. 목회는 그 시대를 살고 있는 사람들을 상대로 하여 이루어지는 사역이기 때문에 그 시대를 모르면서 바람직한 목회가 이루어진다고 말할 수 없다. 보다 효과적이고 성공적인 목회는 분명히 시대를 알고 그 시대를 살아가는 사람들을 바로 파악한 교회관리자들에 의해 이루어진다. 따라서 정보는 중요하다.

의사결정의 역할은 기업가적 역할, 문제처리자의 역할, 자원배분자의 역할, 중재자의 역할을 말한다. 기업가적 역할은 기회를 위해 조직과 환경을 탐색하고 발전과 성장을 창출하는 것을 말한다. 교회관리자는 기업가적 정신(entrepreneurship), 곧 도전성·발전성·창조성·책임성을 가지고 교회 일을 추진할 필요가 있다. 문제처리자로서의 역할은, 조직이 중요하고 예기치 못했던 문제에 직면할 때 바람직하게 문제를 해결하는 것을 말한다. 교회에는 생각보다 문제가 많다. 교회문제는 무엇보다 하나님이 기뻐하시는 방향으로 해결해 나가야 한다. 자원배분자로서의 역할은 교회내 각종 자원들을 적절히 배분하는 것을 말하며, 중재자의 역할은 중요한 문제를 협상할 때 교회를 대표해서 중재하는 것을 말한다.

민쯔버그가 구분한 이러한 역할들은 근본적으로 앞서 언급한 관리기능과 일치한다. 그러나 민쯔버그는 교회관리자가 어떤 역할을 수행하는지 그 역할을 구체화했다는 점에서 이해에 도움을 주고 있다.

하나님의 교회는 어느 모임보다 거룩해야 하고 분명해야 하며, 두 세 사람이 모여도 하늘의 뜻이 임할 수 있는 모습을 갖추지 않으면 안 된다. 그렇지 않으면 무속종교와 유사해지기 쉽기 때문이다. 그런 의미에서 교회관리자는 교회가 어떤 기능을 해야 하는지를 숙지하여 완숙한 행정가가 되도록 노력해야 한다. 교회관리자는 무엇보다 교회의 목적과 사명이 제대로 수행되도록 해야 할 의무와 책임이 있다.

교회관리자는 무엇보다 영적인 문제에 관심을 가져야 한다. 하나님의 나라가 교회를 통해 확장되기 위해 목회자는 기도와 설교는 물론 인격적인 목회, 소명에 불타는 목회, 최선을 다하는 목회, 성실하고 겸손한 목회, 알곡을 키우는 질적인 목회, 주님중심의 목회, 영혼을 위한 목회, 양심적인 정직한 목회, 희생적인 목회, 이해와 관용의 목회를 해야 한다.

【 도움되는 말 또는 사례 】

＊ 하나님의 나라와 그의 의를 구하라

목사가 사람이면서도 하나님의 말씀을 대언하는 존재로서의 목사의식을 갖는 것에서, 그 다음 단계는 지금 무엇을 하고 있는 목사인지를 아는 것이 중요하다. 지금 하나님의 일을 하고 있는가? 하나님의 공의와 사랑을 베풀고 있으며 하나님의 나라와 하나님의 의를 위하여 하고 있는 일이 무엇인가를 알지 않으면 안 된다. 그리고 자기가 교회와 교인들에게 선포하고 있는 하나님의 나라를, 뜻이 하늘에서 이루어진 것같이 땅에서도 이루어지게 하기 위하여 함께 일하고자 하는 교인들에게 목사로서 행하고 있는 것이 무엇인지를 아는 일이다.

목회는 오늘보다는 내일을 중시한다. 그러나 지나친 미래지향적인 목회는 열광주의나 신비주의, 환상주의, 명상주의에 빠지게 한다. 목회 방향의 지도와 키는 성경이다. 그러므로 목사는 66권의 성경을 일목요연하게 창세기부터 요한계시록까지 볼 수 있는 혜안으로 목회를 하는 일이다. 그러면서 하나님의 나라와 그의 의를 망각치 않는 교회와 교인들을 기억해야 한다(손병호, 183-184).

＊ 하나님을 향한 간구

교회관리자는 언제나 교회의 문제를 자신의 힘으로 해결하기보다 하나님께 가져오는 태도가 필요하다. 다음은 어거스틴이 어려운 문제를 이해하게 해달라고 기도하는 내용의 고백이다.

"내 영혼은 가장 어려운 이 수수께끼를 이해하려고 불타고 있습니다. 오 내 주 하나님이여, 선하신 아버지시여, 그리스도의 이름으로 당신께 간구하오니, 내가 보통 알고 있으면서도 실상 잘 모르고 있는 이 모호한 문제를 이해하려는 나의 갈망을 끊지 마소서. 오 주님, 당신의 자비의 빛에 의하여 나의 갈망이 그 문제를 파고 들어가 밝히 알 수 있도록 하시옵소서. 이런 문제에 대하여 내가 누구에게 물어보겠습니까? 내가 당신 아니면 누구에게 나의 무지를 고백하여 도움을 얻을 수 있겠습니까? 내가 알고자 갈망하는 것을 알게 하옵소서. 내가 믿는고로 구합니다"(Augustine, 1960).

【 생각해 볼 문제 】

1. 계획, 기획, 프로그램, 정책 등이 어떻게 다른지 말해보라.
2. 조직의 원어적 개념과 성경의 지체원리를 연결하여 설명해 보라.
3. '지도는 지배가 아니다'는 뜻을 설명하라.
4. '통제는 불필요하다'는 생각이 그릇된 이유는 무엇인가?
5. 민쯔버그의 관리자 역할론을 교회행정과 연결시켜 설명해보라.
6. 교회관리자는 관리를 함에 있어서 무엇을 중시해야 하며 하나님에 대해 어떤 태도를 가져야 하는가?

【 참고문헌 】

- 손병호, 「목회경영학원론」, (엠마오, 1994).
- 이성희, 「교회행정학」, (한국장로교출판사, 1994).
- Augustine, St. Augustine's Confessions Ⅰ·Ⅱ(MA: Harvard University Press, 1960).
- Koontz, H., O'Donnell, C., and Weihrich, H., Essentials of Management(McGraw-Hill, 1982).
- Mintzberg, H., "The Manager's Job: Folklore and Fact," Harvard Business Review, 53·4(1975):49-61.
- Parsons, T., Structure and Process in Modern Societies (IL: Free Press, 1960).

3. 교회행정과 계획

계획과 계획화

　계획은 미래를 대상으로 하여 목표달성을 위한 효율적인 수단을 강구하는 합리적인 의사결정 과정이다. 계획은 바람직한 방향으로의 행동과 집행을 지향한다. 교회행정이 지향하는 목표와 방향은 교회를 통한 하나님 나라의 확장이다.
　계획(plan)은 교회가 목표를 달성함에 있어서 필요한 자원의 배분, 시간계획 및 여러 행동을 구체화한 청사진을 말한다. 이에 비해 계획화(planning)는 교회조직의 목표와 그것을 달성하기 위한 행동이다. 계획과 계획화는 그 과정에서 차이가 있지만 때로 섞어 사용되기도 한다. 계획은 교회전체의 미래활동에 관한 청사진이자 지도역할을 하기 때문에 있어도 되고 없어도 되는 것이 아니다. 교회행정은 계획에서 출발한다고 할만큼 중요하다.

계획의 특성

교회행정에 있어서 계획은 교회활동을 위한 계획이라는 점에서 특색이 있다. 계획에는 다음과 같은 특성이 포함되어야 한다.

방향성 (directiveness)

계획은 무엇보다 교회가 나아가야 할 방향과 목적에 대한 감각을 제공한다. 따라서 계획이 이루어지기 전에는 어떤 활동도 일어나지 않는다.

미래성 (futurity)

계획에는 미래성이 포함되어 있기 때문에 교회계획은 언제나 미래에 초점을 맞춰야 한다. 교회의 계획은 잠재적인 기회와 위협을 분명히 하고, 최소한 위험을 극소화하는데 도움을 주어야 한다. 교회관리자는 과거의 경험과 축적된 정보를 바탕으로 장래에 일어날 사태를 미리 예측하여 그 대비책을 강구해둠으로써 임기응변에 의한 시행착오를 방지한다.

합리성 (rationality)

교회관리자는 목적을 추구함에 있어서 가능한 한 최적의 수단과 방안을 모색하며 주어진 자원을 가장 효율적으로 활용해야 한다.

통제성 (controllability)

계획은 기존의 추세에 어떤 형태로든 수정과 통제를 가하여 미래의 모습을 바람직한 방향으로 바꾸어 보려는 것이다.

실천성 (practicality)

계획은 실천가능해야 한다. 실행에 옮기지 못할 계획은 아무리 좋은 계획이라도 언제나 이상에 불과하다.

인적 및 조직적 관련성 (personal or organizational causation)

계획은 개인적 또는 조직적 승인 내지 인과관계 속에서 이루어진다. 따라서 계획에는 인적 그리고 조직적 관련성을 무시할 수 없다.

조직의 통합성 (unifying integration)

계획은 교회전체에 통일된 기반을 제공한다. 이 기반 아래 교회의 통합이 이뤄져야 한다.

계획의 원칙

5W1H

5W1H는 이른바 6하원칙(六何原則)을 말한다. 계획은 6가지 기본질문에 답을 주는 과정으로 이루어진다. 무엇(what)은 추구해야 하는 목표, 왜(why)는 그 목표의 실행이유, 언제(when)는 달성할 기간 또는 시점, 어디서(where)는 계획이 이루어지는 장소나 부서, 누구(who)는 계획에 필요한 특정과업을 달성할 구체적인 사람, 그리고 어떻게(how)는 목표달성에 필요한 자원의 지출방법과 연관된다.

목표공헌원칙

목표공헌원칙(principle of contribution of objective)은 계획이 교회의 목적과 목표와 깊게 연관되어 있으며, 모든 계획과 그에 따른 계획은 교회가 추구하는 목적과 목표의 성취를 촉진하고 적극적으로 공헌해야 한다.

계획우선원칙

계획우선원칙(principle of primacy of planning)은 계획이 다른 어떤 관리기능에 우선한다는 것을 강조한다. 계획은 조직, 지도, 통제 등 다른 기능과 불가분의 관계를 가지지만 그것의 기준을 제공한다는 점에서 우선되지 않으면 안 된다. 계획은 특히 통제와 깊은 관계를 가진다. 통제는 표준을 정하고, 업적을 측정하며, 양자간의 차이를 확인하고 수정하는 단계를 거치는데 계획은 이 가운데 첫 단계에 해당한다.

계획파급성원칙

계획파급성원칙(principle of pervasiveness of planning)은 계획이 상부의 권한과 정해진 방침에 따라 그 범위와 내용이 달라지는 것을 말한다.

개교회의 계획은 소속된 노회, 노회는 대회, 대회는 총회의 방침에 따른다. 이로 보아 계획은 총회에서 각 교회로 파급됨을 알 수 있다. 관리자라면 누구나 각 수준에서 그에 맞는 계획을 세워야 한다.

계획의 능률원칙

계획에 있어서 능률의 원칙(principle of efficiency of planning)은 교회의 모든 계획이 비능률과 낭비를 피하고, 그 효과를 높이도록 설계되어야 한다는 것을 의미한다.

계획의 능률을 향상시키기 위해서는 그 목적이 명확하고 구체적이어야 하고(목적성의 원칙), 난해하기보다 간명해야 하며(단순성의 원칙), 계획대상의 내용을 표준화하고(표준화의 원칙), 상황에 따라 수정이 가능하도록 유동적이어야 하며(신축성의 원칙), 최소의 비용으로 최대의 효과를 올리도록 설계되어야(경제성의 원칙) 한다.

계획의 종류

정태적 계획과 동태적 계획

교회의 여러 계획이 주먹구구식이라는 말을 곧잘 듣는다. 교인들과 전혀 상의없이 계획을 진행하기도 하고, 권위주의적으로 밀고 나가기도 한다. 교회행정에 있어서 계획은 민주적이어야 하며, 가급적 많은 사람이 참여하고, 가장 합리적이며, 효과를 거둘 수 있도록 해야 한다. 이를 위해 교회조직이 보다 신축적이고 개방적으로 운영될 필요가 있다.

계획에는 정태적 계획과 동태적 계획이 있다. 그린(E.J. Green)에 따르면 정태적 계획은 옛날 방식이고, 동태적 계획은 새로운 접근방식이다. 그 특성을 표로서 나타내면 다음과 같다. 교회에서의 계획은 정태적이기보다 동태적이어야 한다.

정태적 계획과 동태적 계획

	정태적 계획	동태적 계획
목 적	단순히 계획을 세운다	최적결과를 성취한다
기본전제	예측이 정확하다	예측이 어렵다
기 술	정태적, 주기적	동태적, 계속적
과 정	고정, 형식, 미리 처방	신축적, 선별적 사용
관리형태	전통적, 권위주의적	분권적, 참여적
책 · 임	최고관리자, 계획담당	모든 관리자, 조정자
계획형태	개별계획	통합계획
후 원	저항 및 후회	열심으로 참여
지구성	낙담, 실의로 빠짐	점증하는 가치 및 열심
비 용	지나친 시간, 노력 소모 높은 비용 한정된 유익	시간, 노력 덜 소모 더 나은 결정 및 프로그램 더 나은 결과

(출처 : Green, 331쪽)

장기, 중기, 단기계획

기간별로는 장기, 중기, 단기계획으로 나눈다. 장기계획은 일반적으로 대상, 목표에 따라 달라지지만 보통 10년 정도로 잡는다. 기간이 길어지면 미래예측이 떨어지는데도 이것을 시도하는 것은 중기계획의 전제가 필요하고, 교인들에게 장래에 대한 교회의 비전을 제시함으로써 희망과 의욕을 고취시키기 위함이다. 중기계획은 보통 5년 내외로 하고 있으나 구체적인 결정에 있어서는 대상의 성격에 따라 달라진다. 단기계획은 1년 내외의 것으로 교회의 연중 기본운영계획이 이에 해당한다. 기본운영계획은 해당년도의 활동목표를 계획하고 이에 따라 교인들에게 목표의식을 부여한다. 이것은 예산편성 및 시행결과를 평가하는 기준으로 활용된다.

전략적 계획, 전술적 계획, 운영적 계획

계획은 그 수준에 따라 전략적, 전술적, 그리고 운영적 계획으로 나눌 수 있다. 전략적(strategic) 계획은 최고관층 수준에서 결정되는 것이고, 전술적(tactical) 계획은 중간관리층, 그리고 운영적(operational) 계획은 하위관리층에 의해 세워진다. 전략적 계획으로 갈수록 교회의 장기적 비전과 연결되어 있으며 교회 전체의 활동을 포괄한다. 운영적 계획으로 갈수록 단기적이며 하위조직 단위의 활동과 연결된다.

강제계획, 경쟁계획, 유도계획

강제계획은 거의 모든 인적 및 물적 자원이 상위기관에 의해 배분되고 하위기관의 활동도 그에 의해 결정되는 계획을 말한다. 경쟁계획은 주요부문에 관해서는 상위기관에서 정하지만 능률향상 부문에 대해서는 하위기관의 자율에 맡겨 경쟁하도록 하는 것을 말한다. 유도계획은 상부기관의 일방적인 계획수립이나 집행방식을 지양하고 상하기관간 협조와 간접적인 영향력행사를 통해 계획을 작성하고 운용하도록 하는 것이다.

계획수립시 유의할 점

교회행정가가 계획을 수립해 나갈 때 유의할 점들은 한 두 가지가 아니다. 여기서는 계획의 일관성, 다양성과 특이성, 지속성,

투명성과 철저성, 실현가능성, 미래지향성, 순행성을 강조했지만 그밖에 고려해야 할 점이 많다.

계획의 일관성

교회의 계획에는 당회, 제직회, 주일학교, 성가대, 전도회 등 각 기관의 계획이 우선적으로 거론되지만 그 기관들의 계획에 앞서 목회자의 목회철학과 신학이 담긴 장기적 비전과 계획이 제시되어야 하고, 각 기관은 이 비전과 계획에 따라 일관성있게 계획이 수립되어야 한다. 목회자의 목회계획 따로, 각 기관의 계획 따로 작성된다면 일관성이 없고, 교회의 활동이 유기적이 될 수 없다. 교회계획의 일관성은 시너지 효과를 높이는데 도움을 준다.

계획의 다양성과 특이성

교회에서의 계획은 선교, 봉사, 교육, 인적자원, 예산, 조직, 제도, 재무, 발전, 영성계발, 갱신계획 등 관계되지 않는 곳이 없다. 이것은 교회의 행정계획이 얼마나 다양한가를 보여준다. 각 교회에서의 계획은 나름대로 특성을 지녀야 한다. 앞으로 교회의 발전은 사업계획의 다양성과 특이성에 따라 성패가 달라진다고 할 만큼 그 중요성이 커지고 있다.

계획의 지속성

교회의 계획은 비교적 지속성을 띠는 것이 좋다. 라브리공동체를 이끈 쉐퍼는 이 공동체가 당대에서 끝나도록 당부를 했다. '내 대에서 적합한 운동'이라는 생각이 앞섰기 때문이다. 그러나 이 운동은 후손에 의해 계속 이어졌다. 그 운동이 이어져야 할 당위성과 필요성이 강하게 대두되었기 때문이다. 이 문제는 교회계획의 일회성과 계속성의 문제와 연결하여 생각할 수 있다. 특정계획이 일회적인 것이어야 하는가, 아니면 계속되어야 하는가는 각 교회가 처한 상황과 그 계획의 성격에 따라 달라진다. 그러나 교회의 사업계획은 어느 정도 지속성을 띠는 것이 바람직하다. 지속적이지 못할 경우 그 사업은 명분에 그치게 되며, 교회행정에 대한 신뢰감이 떨어지고, 교회 이미지에 손상이 미치게 된다.

계획의 투명성과 철저성

모든 계획은 철저하고 정확하며 투명할 필요가 있다. 계획이 명확하지 않거나 정확하지 않으면 교회행정은 실행에 있어서나 평가에 있어서 어려움을 겪게 된다. 보기를 들어 재무계획이 철저하지 않으면 예산의 설정, 집행, 그리고 결산이 어려워진다. 교회는 국가나 공공기관이 아니므로 공예산이라기보다 사예산에 속하지만 그것이 개인의 것이 아니라 하나님의 것이라는 점에서 더 공공성을 띤다. 교회예산의 설정 및 집행 등 재무행정에 관련된 것은 어느 개인이나 기관이 마음대로 할 수 있는 것이 아니다. 하나님의 뜻과 교회의 목적에 일치되어야 한다. 하나님의 것을 1원이라도 낭비없이 바르게 그리고 정확히 사용할 책임이 있다. 이를 위해 중요한 첫걸음이 바로 계획이다.

계획의 실현가능성

교회계획에 있어서 상당수는 계획에 너무 무관심하든지 지나치리만큼 무모한 성격을 띠고 있다. 하나님께서 알아서 해주실 것이라는 생각아래 계획을 처음부터 무시한다. 아니면 하나님께서 해주실 것이라며 도저히 실현이 어려운 계획을 세워 처음부터 실패를 자초한다. 계획에 대한 무관심이나 지나치게 무모한 계획은 교회행정가로서 바람직한 태도가 아니다. 그 모두 하나님을 시험하는 것이 되기 때문이다. 교회관리자는 실현가능한 계획을 세우고 교인들과의 충분한 합의아래 그 목표에 매진하도록 함으로써 참여의식을 높이고 서로 힘을 주고 용기를 갖도록 해야 한다.

계획의 미래지향성

교회의 계획은, 교회의 현재상태에 변화를 가져올 만큼 개혁적이고 미래지향적이어야 한다. 이를 위해 필요한 개념이 전략이다. 교회의 활동영역(domain)을 정하고, 이를 위해 인적 그리고 물적 자원을 배분하며, 시너지 효과를 최대한도로 높여야 한다. 활동영역에 포함될 사항은 여러 가지이지만 최근 대사회관계에 대한 계획이 많아지고 있다. 이것은 교회와 사회의 관계가 소원한 관계가 아니라 밀접하게 연결되어야 함을 말해주고 있다.

계획의 순행성

교회의 모든 계획은 믿음에 바탕을 두어야 하고, 그 실행과정에 있어서는 하나님의 말씀대로 준행해야 하며, 그 결과에 대해서는 인간이 아니라 하나님께 영광을 돌리도록 해야 한다. 이렇듯 계획, 과정, 결과 모두에 일관성이 있는 관리를 순행관리(proactive management)라 한다. 교회의 계획이 신앙에 벗어나고, 말씀에서 멀며, 인간적인 영광을 위한 역행관리(reactive management)가 되어서는 안 된다.

【 도움되는 말 또는 사례 】

＊ 교회의 주인은 예수님

우리 목회자들이 명심해야 할 것이 있습니다. 이 교회의 주인은 예수님이라는 것입니다. 어떤 분은 교회를 개척하고 어느 정도 시간이 지나면 내 교회라고 합니다. 소유의식 때문에 그런 생각이 들거나 말이 나옵니다. 그럼 난 무엇인가? 목회자가 '내가 내 교회를 세우리라.' 그러면서 개척을 해서 교회의 주인이 되려고 합니다. 그런데 장로가 주인이 되려고 하고 또 집사가 주인이 되려고 하다 보니 주인이 몇 명이 되어서 문제가 생깁니다. 제직회를 해도 이 교회의 소유주이신 예수님의 뜻이 무엇인지를 찾아야 하는 것입니다. 그런데 어떤 때에는 제직회에서, 교회에서 제일 권한이 큰 사람이 누구인가 경쟁을 하고 그것을 찾으려는 것 같습니다(김상복, 28).

＊ 범사에 헤아려 좋은 것을 취하라

"범사에 헤아려 좋은 것을 취하고"(살전 5:21). '헤아려'라는 단어에 사용된 성경 원어는 '도키마제테(dokimazete)'이다. 이는 '시험하다, 검사하다, 분별하다'는 뜻을 가지고 있다. 그리스도인의 분별력은 세상 지식과 경험에만 근거한 것이 아니다. 이 모든 것 위에 성경과 신앙으로 말미암아 가지게 되는 분별력이다. 교회행정가는 이러한 분별력을 사용하여 범사에 최선을 선택하고 적용하며 살아가야 한다.

【 생각해볼 문제 】

1. 계획에 있어서 방향성, 미래성, 통제성을 구체적으로 설명해보라.
2. 계획의 합리성과 능률성은 어떤 관계를 가지고 있는가?
3. 교회계획이 동태적이어야 할 이유는 무엇인가?
4. 순행관리와 역행관리의 근본적인 차이를 믿음과 연결시켜 설명해보라.

【 참고문헌 】

- 김상복, 「목회자의 리더십」(엠마오, 1990).
- Green, E.J.,
  "Developing Planning Skills in Managers,"
  Management Development and Training Handbook, B. Taylor & G.L. Lippit(ed.)(NY: McGraw-Hill, 1975).

4. 목표관리와 교회의 유효성 전략

목적과 목표의 차이

영어에는 purpose, objectives, goals 등이 구분되어 있다. purpose로 갈수록 상위개념에 속하고, goals에 갈수록 하위개념에 속한다(Carlisle, 165). 우리 말에는 purpose를 목적으로 부르고, objectives를 목표로 부르고 있다. goals도 목표로 부름으로써 objectives와 구분하기 어렵다.

목적이나 목표는 미래지향적이라는 점에서 같지만 목적은 목표보다 상위의 개념에 속한다. 목적은 광범하고 추상적인 것에 비해, 목표는 보다 구체적인 성격을 띠고 있다. 목적은 양화하기 어렵지만 목표는 양화가 가능한 경우가 많다. 목적은 조작적 정의가 이루어지는 일이 드물지만 목표는 효과성 판단 등에 사용하기 위해 조작적으로 정의되는 수가 많다. 목적에 대한 진술에 있어서 대안이 성취될 것으로 기대되는 효과에 대하여 시간개념을 도입하는 경우가 드물지만 목표에 관한 진술에서는 시간개념이 도입된다. 목적에 있어서는 대상집단을 넓게 규정하지만 목표에 있어서는 보다 구체적으로 규정한다.

목적과 목표

	목 적	목 표
용어의 정의	공식적	조작적
구체화의 정도	광범위하고 추상적	구체적
시기	불특정	특정
측정절차	비계량적	대체로 계량적
대상집단 규정	포괄적	구체적으로 규정

교회행정에 있어서 목적이 하나님의 나라와 그 의를 구하는 것이라고 할 때 목표는 그 나라와 그 의를 구하기 위해 구체적으로 어떻게 해야 하는가를 규정한다. 그리고 그 하위목표가 되는 goals에서는 교회전체, 각 기관, 각 개인이 어떻게 행동해야 하는가를 세부적 타켓목표(targets)로 정하여 전개해 나간다.

목표관리

목표관리(MBO: Management by Objectives)는 교회행정에 있어서 중요한 기법에 속한다. 이것은 차원 높은 관리철학이 담겨 있다. 지금까지는 최고경영층이 목적과 목표를 세워 아래에 일방적으로 지시하는 톱다운 방법(top-down management)을 취해왔다. 그러나 목표관리는 목표설정에서부터 시행, 그리고 평가에 이르기까지 아랫사람, 아랫기관을 참여시키고, 그들이 주도적으로 이끌어가는 것을 의미한다. 그렇다고 위에서 손을 떼는 것은 아니다. 그들이 힘있게 일할 수 있도록 실질적으로 돕는다. 그러므로 목표관리는 단순히 목표를 세워서 관리한다는 것 이상의 의미를 가지고 있다. 목표관리는 한 번의 시행으로 끝나는 것이 아니라 계속 이어져야 한다. 이것을 가리켜 목표관리\ 순환(MBO cycle)이라 한다.

목표관리를 성공적으로 수행하기 위해서는 인식전환이 필요하다. 목표관리를 단지 관리방법으로 수용한다면 효과를 거둘 수 없다. 방법의 사용에 앞서 아랫 사람이나 아랫 기관에 대한 긍정적인 인식과 태도가 필요하다. 일하는 사람이나 기관에 대한 긍정적 인식없이 일의 효과를 기대할 수 없다. 교인을 부정적으로 보는 X이론보다 긍정적으로 보는 Y이론적 인식전환이 요구된다.

기획위원회의 활성화

교회의 목적과 목표를 보다 구체화하기 위해 교회내에 기획위원회를 설치할 필요가 있다. 이 위원회는 다른 위원회와는 달리 교회의 목표를 성취하기 위해 구체적인 계획을 세운다는 점에서 특색이 있다. 건축을 할 때 그 건물을 무엇에 사용하고자 하는 목적이 있어야 하고 어떻게 지어야겠다는 조감도와 설계도가 있고 그 건축 공정 일정표가 있어야 하듯이 주님의 교회라는 작품을 이루는 데도 목적, 목표, 그리고 운영일정표가 정해져야 한다. 특히 교회갱신을 목표로 할 경우 교회는 보다 구체적인 계획을 세워야 한다.

교회와 지역사회를 진단하는 여러 가지 자료수집, 통계, 분석에 의한 연구 및 계획서가 나오고 새로운 목회비전이 세워지면 기획위원회는 교회와 각 기관에 어떻게 적용할 것인지를 연구하고 발표해야 한다. 자료수집 및 통계, 분석에서 교회의 긍정적인 가능성을 파악하고 그 사역을 확장해야 하며, 교회의 약점이나 부정적인 면은 과감하게 시정하되 이를 위해 새로운 프로그램을 도입하는 것이 바람직하다. 기획위원회는 2000년 비전을 이루기 위한 목적을 두고 프로그램과 사역의 중간목표들을 구상하고 설정한다. 교회가 활성화되기 위해서는 기획위원회와 교회 사이에 구체적이고도 지속적인 대화가 유지되도록 하며, 일이 주안에서 성취되도록 기도로 후원해야 한다. 교회가 자신들이 가지고 있는 기본적인 능력을 인정하고 이러한 가능성을 효율적으로 확장시키며 교회의 미래 운명을 결정하는 데 기여되는 사역을 과감하게 추가할 때 성공적인 교회가 될 것이다(송천호, 219-220).

미래사회와 목표설정

교회의 목표설정은 구체적이어야 하며 실행이 가능해야 한다. 교회 전체나 각 기관의 목표가 명확하지 못할 때 교인들은 방황하게 된다. 통제도 어려워진다. 교회의 목표설정은 교회가 현재 처한 상황 및 미래예측과 밀접하게 연관되어 있으며 설정 자체는 계획으로 이어진다.

미래는 크게 잠재적 미래, 개연적 미래, 그리고 규범적 미래 등 세 가지로 구분된다.

잠재적 미래(potential future)는 실제로 발생하게 되는 미래의 상태라기보다 발생가능한 미래의 상태를 말한다. 발생가능한 상태란 그것이 실제로 발생했을 때까지는 전혀 확실치 않다. 잠재적으로 발생가능한 미래는 무수히 존재할 수 있다. 따라서 이를 대체적 미래라 부르기도 한다. 개연적 미래(plausible future)는 정책결정자가 방향전환을 시도하지 않는다면 자연적인 인과법칙에 의해 자연히 이루어질 가능성이 있는 미래를 말한다. 그리고 규범적 미래(normative future)는 정책결정자가 미래에 있어서 욕구나 가치 등에 의해 그렇게 되어야 할 것으로 주장하는 미래를 말한다. 규범적 미래가 구체화될수록 잠재적이고 개연적인 미래의 영역은 좁아지며 예측의 기회가 많아질수록 구체적인 목적과 목표가 추구된다.

교회관리자는 잠재적 미래나 개연적 미래에도 관심을 가져야 하지만 무엇보다 규범적 미래에 관심을 가져야 한다. 특히 교인들이 어떤 욕구를 가지고 있고, 어떤 가치를 중시하는가를 미리 인식하여 교회가 나가야 할 방향과 목표를 정해야 한다. 목표 및 방향설정에 있어서 항상 잊어서는 안될 것은 하나님 나라와 그의의 구현이다.

교회목표에서 고려되어야 할 것들

정보화사회에 대한 준비

21세기 교회 환경은 19세기나 20세기와는 완전히 다르다. 21세기는 C&C, 곧 컴퓨터와 커뮤니케이션의 만남으로 정보화 사회가 성숙해지는 시기이다. 인터넷의 확산은 정보의 공유를 더욱 빠르게 하고 정보고속도로의 확산은 세계를 하나로 묶어놓고 있다. 이것은 교회와 관계없이 일어나는 일이 아니다. 정보사회의 이같은 빠른 변화는 교회의 행정에 심각한 변화를 가져온다.

앞으로 모든 행정절차 및 과정은 컴퓨터화 되고, 이것의 내용이 공개됨으로써 투명한 행정이 이뤄지지 않으면 안되게 되어있다. 교인들도 지역에 한정되는 것이 아니라 전세계적으로 연결되어 있기 때문에 시공을 뛰어넘는 행정이 되지 않으면 안된다. 또한 예배의 형태, 교회교육, 심방의 패턴까지 바뀌질 것으로 전망되기 때문에 이에 대한 준비가 있어야 한다.

사회봉사의 중요성 점증

앞으로 교회는 사회봉사에 대해 얼마만큼 관심을 가지고 있고 실제 참여하느냐에 따라 달라지는 만큼 사회봉사가 교회의 중요한 위치를 차지할 것으로 예견된다. 사회봉사는 이웃사랑에 대한 하나님의 명령을 실제화한다는 점에서 의미가 있다.

교인들의 봉사는 크게 교회내 봉사와 교회외 봉사로 나뉘어진다. 교회내 봉사활동도 중요하지만 사회에 대한 봉사의 중요성이 점점 커지고 있다. 교회는 세상과 다르다. 하지만 세상을 대상으로 전도하고 봉사한다는 점에서 사회는 중요한 봉사대상이다. 그 속에 그리스도의 빛을 드러내야 하기 때문이다.

사회를 대상으로 한 교회의 봉사는 옛부터 있어왔지만 이에 대한 강도는 더욱 높아지고 있다. 사회가 교회에 기대하는 봉사의 요청이 커지기도 했지만 그 필요성이 점증하고 있기 때문이다. 교회가 사회봉사를 어떻게 하느냐에 따라 그 교회의 미래가 달라지리라는 평가마저 나올 정도이다. 따라서 교회의 여러 계획가운데 이웃을 위한 구제, 대민봉사 등을 포함시키고 그 일에 지속적으로 관심을 가지고 참여하도록 하는 것이 바람직하다. 교회는 강도만난 자의 이웃이 되어야 하며, 이웃을 향한 그리스도의 정신을 실천해야 한다. 이제 한국교회는 이웃사랑을 위한 교회로 거듭나야 할 시점에 와있다.

환경문제에 대한 참여

하나님은 아담과 하와에게 에덴을 관리하도록 하셨다. 하나님은 우리에게 관리할 자연환경을 주셨다. 그러나 우리의 자연환경은 관리 잘못으로 인해 황폐화 되어가고 있다. 인간의 이기심이 자연을 자연으로 존재하지 못하게 하고 있는 것이다. 교회는 지금까지 인간영혼에 대한 구원문제에 관심을 가져왔다. 그러나 교회는 하나님의 피조물인 자연에 대한 관심을 더욱 높여야 한다. 환경문제는 정부나 환경단체만 관심가져야 할 과제가 아니라 교회가 풀어야 할 중요한 과제이다. 따라서 교회행정가는 이 문제에 대해 깊은 관심을 가져야 할 뿐 아니라 환경신학이 바르게 확립되도록 해야 한다.

목표관리와 교회의 유효성 전략

퀸(R. Quinn)과 케메룬(K. Cameron)에 따르면 목표와 관련된 조직의 유효성을 측정하기 위해서는 네 가지 모형을 생각할 수 있다. 합리적 목표모형, 인간관계모형, 내부과정모형, 열린체계모형이 그것이다(Quinn & Cameron, 1983). 이것을 교회와 연결시켜 생각하면 다음과 같다.

합리적 목표모형(rational goal model)은 생산성과 효율성을 목표로 하며 합리적인 계획·목표설정·평가를 수단으로 삼는다. 교회가 설정한 목표와 계획아래 모든 활동의 결과가 얼마나 효과를 거두었는가를 중시한다.

인간관계모형(human relations model)은 교인과 직원 모두의 인적 가치를 중시하고 관계를 유지발전시켜 나가는데 관심을 가진다. 이를 위해 각 기관이나 집단의 응집성을 높이고 전체 교인의 사기진작을 위한 여러 가지 방법을 활용한다.

내부과정모형(internal process model)은 교회의 안정성과 통제를 중시한다. 이를 위해 정보관리를 철저히 하고 의사소통의 정도를 높인다.

열린체계모형(open systems model)은 외부환경과의 관계를 중시하고 그것과의 관계를 안정적으로 유지하며 발전하고자 한다. 이를 위해 교회관리자는 유연하면서도 신속하게 활동한다.

퀸과 케메룬에 따르면 조직라이프 사이클에 있어서 각 단계마다 유용하게 적용되는 전략모형이 있다. 이것을 교회의 라이프 사이클과 연결시켜 생각하면 다음과 같다.

제 1단계에 속하는 창업가 정신단계(entrepreneurial stage)에서는 열린체계모형이 제시하는 목표와 수단을 사용할 경우 조직의 효과성이 높은 것으로 예견되고 있다. 이 단계에서는 혁신, 창의성, 자원집결이 강조된다. 교회가 창립되어 힘있게 나아가고자 할 때 적용된다.

제 2단계인 결집단계(collectivity stage)에서는 인간관계모형이 바람직하다. 성원들 사이의 가족의식과 협동정신을 고취시켜 높은 소속감을 개발시키는 단계이다. 이 때는 비공식의사소통과 비공식조직구조의 역할이 커진다. 이것은 교회가 비교적 인간적으로 결집될 필요가 있을 때 유용하다.

제 3단계인 공식화 및 통제단계(formalization stage)에서는 안정성·활동의 능률성·규칙·절차 및 보수적 성향이 강하므로 내부과정모형 및 합리적 목표모형이 적합하다. 교회가 어느 정도 자리 잡히는 단계이므로 공식화 및 통제에 필요한 조치들이 취해지게 된다.

끝으로, 제 4단계인 구조 정교화단계(elaboration of structure stage)에서 교회는 외부환경을 감시하고 적응하여 교회의 갱신과 성장을 도모해야 하므로 열린체계모형을 적용하면 효과를 거둘 수 있다.

이러한 단계들은 빠른 속도로 연속해서 나타나기도 하고 서서히 발생하기도 한다. 퀸이 제시한 조직수명 주기의 각 단계가 교회의 수명주기의 각 단계를 정확하게 반영하고 있는 것은 아니다. 그러나 교회도 조직이므로 각 주기에 따라 생존전략이 달라야 하는 것은 당연하다.

목표가 정해지고 이에 따른 장기계획을 세움에 있어서 무엇보다 중요한 것은 신앙적인 자세이다. 중요한 것일수록 목적과 목표는 성경에 바탕을 두어야 하며, 확고한 비전을 가지고 실천에 옮기되 정직한 진단과 연구, 그리고 활발한 토론이 있어야 한다.

【 도움되는 말 또는 사례 】

* 이웃을 위한 교회로

요즘 대기업들이 사랑의 실천 캠페인을 벌이고 있다. 삼성 석유화학의 임직원 4백명이 충북 음성의 꽃동네를 방문하여 1박 2일간 자원봉사활동을 했다. 천주교 수녀들과 신부들은 궂은 일을 다 찾아다니며 하고 있는 듯하다. 더욱 놀라운 것은 꽃동네의 주방, 병실 등에서 일하는 수녀들의 얼굴에 항상 평화와 미소가 깃들어 있다는 사실이다.

   1990년 한국자원봉사능력개발연구회가 서울대학교 사회사업학과 연구팀에 위촉해서 발표한 「한국교회 사회봉사사업 조사연구」에 의하면 한국교회는 남 돕는데 인색한 집단으로 드러났다. 사회봉사비로 지출되는 금액이 교회재정의 5%도 안되는 곳이 조사대상으로 임의선정된 1천교회의 절반을 넘었다. 봉사프로그램의 내용 역시 일시적이고 전시적인 것이 대부분을 차지하고 있어서 교계의 반성과 대책마련이 시급한 것으로 지적되었다. 십일조를 남달리 강조하는 한국개신교회가 남을 돕는 일에는 1백의 5조(5%)에도 인색한 것으로 보고되었다. 사회봉사를 주제로 하는 대화, 설교, 교육 등의 기회를 거의 마련하지 않고 있는 교회가 전체의 60%를 넘고 있다.

   어찌 되었든 양적으로 크게 성장한 한국개신교회는 이제 교회의 본질과 교회의 존재 의의를 성찰할 때가 아닌가 싶다. 교회는 하나님을 지성으로 예배하는 모이는 교회로 존재해야 하며, 동시에 고통받는 이웃을 측은히 여기고 세상을 향해 나가는 흩어지는 교회가 되어야 한다. 교회가 교회다워지기 위하여 대기업에만 맡겨놓지 말고 솔선해 사랑의 실천자가 되어야겠다(김옥라, 1995).

【 생각해 볼 문제 】

1. 당신이 속한 기관의 목표가 교회의 목적과 얼마나 일치하는지 말해 보라.
2. 교회에서 목표관리가 실행되기 위해서 선행되어야 할 것은 무엇인가?
3. 규범적 미래란 무엇인가? 이 미래를 대비하기 위해 교회가 취해야 할 조치는 무엇인가?
4. 당신의 교회가 미래를 대비해서 준비해야 할 구체적인 목표들은 무엇인가?
5. 당신의 교회는 어떤 조직수명 주기에 와있는가? 그 주기에 맞는 교회발전전략 모형은 무엇인가?

【 참고문헌 】

- 김옥라, "이웃을 위한 교회로," 「기독교신문」, 1995년 4월 9일.
- 송천호, "교회갱신, 이렇게 시도한다," 「목회와 신학」, 1994년 7월, 219-222쪽.
- Carlisle, H. M., Management Essentials: Concepts and Applications(IL: Science Research Associates, 1979).
- Quinn, R.E. and Cameron, K., "Organizational Life Cycles and Shifting Criteria of Effectiveness: Some Preliminary Evidence," Management Science, 29·1 (January 1983): 33-51.

5. 문제분석과 의사결정

교회관리자가 계획을 수립하는 과정에서 여러 가지 문제가 발생한다. 주변상황이 많이 변하기 때문이다. 따라서 관리자는 현재상황에 대한 분석은 물론 미래에 대한 예측 내지 전망을 하고 합리적으로 의사결정을 할 필요가 있다. 그러나 지금까지 교회관리자는 주먹구구, 아니면 '기도해보자'는 말로 지연적 관리방법을 취해왔다. 이러한 태도는 합리적 관리를 배격하는 것으로써, 교회행정가로서의 바람직한 태도가 아니다. 교회관리자는 무엇보다 합리적 방법을 취해야 하며, 그 방법으로도 문제가 해결되지 않을 경우 하나님께 지혜를 구하는 태도를 가져야 한다.

교회관리자에게 필요한 네 가지 분석

교회관리자는 직면한 교회상황에 대해 4가지 질문을 해봐야 한다. 첫째, 도대체 무슨 일이 일어나고 있는가? 이 질문은 관리자로 하여금 상황분석(SA: situation analysis)으로 이끌어준다. 둘째, 어째서 그런 일이 일어나고 있는가? 이것은 문제분석(PA : problem analysis)으로 이끌어준다. 셋째, 결정해야 할 사항은 무엇인가? 이것은 의사결정분석(DA : decision analysis)으로 이어진다(김성준, 1997). 끝으로, 앞으로 어떤 문제가 있겠는가? 이것은 잠재문제분석(PPA: potential problem analysis)으로 이어진다.

교회관리자는 문제를 해결함에 있어서 중대한 영향을 미치는 변수들, 특히 통제 가능한 요인과 통제 불가능한 요인을 철저하게 살펴볼 필요가 있다. 관리자는 각 변수에 대한 불의의 상황까지도 고려해야 할 만큼 철저해야 하며, 이용가능한 정보를 충분히 수집하고 분석해야 한다. 합리적으로 설정된 계획이라 할지라도 미래는 실제와 현격한 차이가 발생할 수 있으므로 그 타당성 여부는 계획의 수립 및 실천과정에서 계속적으로 분석·검토되어야 한다.

상황분석

상황분석은 일상적으로 당면하는 업무활동을 정확하게 파악하여 문제의 소재를 확실하게 알고 과제를 명확히 하는 것을 말한다. 목표가 설정되면 현재 및 미래의 상황을 파악하여 목표를 달성하는데 예상되는 장애요인과 문제점을 규명할 필요가 있다. 상황분석에서 빼놓을 수 없는 것은 현재의 문제점과 예상되는 문제점, 목표를 달성하는데 관련된 요인, 특히 장애요인이다. 여기서는 문제의식을 가지고 문제의 요인과 그 변수를 보다 구체적으로 밝힌다.

상황분석의 첫 단계는 조치나 해결이 필요하다고 생각되는 관심사항에 대한 정보 및 자료의 수집이다. 여기서 정보는 통계집, 간행물, 연구문헌 등에서 제시된 과거의 추이, 현황, 미래의 전망에 관한 제반지식과 통계, 연구결과를 포함한다. 면접, 관찰, 설문지 등에 의한 현장조사도 할 수 있다. 미래상황을 분석하기 위해서는 여러 미래 예측방법이 활용되는데 이들에는 법칙이나 논리적 사고에 의한 연역적 예측, 델파이방법 등을 이용한 주관적 및 질적 예측, 추세분석이나 회귀분석 등 통계적 기법을 이용한 계량적 예측 등이 있다.

관심사항에 대한 분석에 있어서는 중요도, 절박한 상태, 문제로서의 확대경향 등을 따져보아야 하며, 문제의 참된 원인을 규명하여 어떤 해결책이나 대책을 제시하도록 할 필요가 있다. 상황분석을 하면 교회구성원들의 최선의 생각을 모아 중요사항을 가장 효과적으로 처리할 수 있도록 조직화할 수 있고, 원인분석 없이 직감적인 판단으로 결정하는 오류를 방지할 수 있다.

문제분석

문제분석은 어떻게든 해결이 요구되는 문제 가운데서 참된 원인을 규명하는 것을 말한다. 문제분석을 위해서는 어디에 어떤 문제가 발생하고 있는가를 파악하여 문제를 과제화하고, 정보를 분석할 필요가 있다. 정보분석에 있어서는 발생사실(IS)과 발생할 가능성이 있었음에도 불구하고 발생하지 않은 비교사실(IS NOT)을 비교하면 기준(should)으로부터 벗어나게 된 차이(deviation) 요인을 쉽게 발견할 수 있다. 가급적 문제를 발생시킬 가능성이 있는 원인들을 많이 상정하여 검토하며, 가장 가능성이 높은 원인을 해결하기 위한 대책을 수립하여 발생된 문제의 근본 원인을 제거할 필요대책에는 시정대책, 잠정대책, 그리고 적응대책이 있다. 시정대책은 근본대책과 같은 것으로 발생된 문제의 원인을 근본적으로 발견하여 해결하는 것을 말한다. 잠정대책은 문제가 발생했을 때 원인규명과 대책의 수립까지 시간이 걸리는 경우 임시적인 응급조치로써 잠정대책을 수립하는 것을 말한다. 그리고 적응대책은 아무리해도 진정한 원인을 제거할 수 없는 경우 그 때에 필요한 정도의 대책을 강구하는 것을 말한다.

문제분석은 무엇보다 근본원인에 알맞는 대책을 세울 수 있다는 장점이 있다. 이 분석방법은 문제가 발생해도 당황하지 않고 대처할 수 있게 하며, 직관이나 경험에 의한 잘못된 결론을 방지할 수 있다. 필요한 정보만 효율적으로 조사가능하고, 조직전체가 문제의식과 함께 정보를 공유하면 공통인식으로 최단시간내에 결론에 도달할 수 있다.

의사결정분석

의사결정분석은 교회관리자가 의사결정을 할 때 직관에 의한 판단이나 잘못된 결정에서 생기는 비효율을 방지하고, 관련정보를 보다 넓게 공유하여 객관적이고 합리적인 절차를 거쳐 올바로 의사결정을 내리게 하는 것을 말한다.

의사결정자는 먼저 달성해야 할 목표는 무엇이며 이것을 위해 어떻게 할 것인가를 구체화할 필요가 있다. 달성하고자 하는 목표를 열거하고 그 가운데 절대적으로 요구되는 절대목표(must)와 가능하다면 달성하고자 하는 희망목표(want)로 구분한다. 그 다음 가능한 대안을 마련하고, 그 가운데 최적 대안을 선정한다. 최종결정을 내리기 전에 선정된 안에 대해 마이너스 요인, 곧 결함이나 위험도를 평가할 필요가 있다. 그로 인해 발생할 심각성이 어떠할 것인가를 생각해본 뒤 최종안을 결정한다. 대안 가운데 마이너스 요인이 결정적으로 나타나고, 그에 대한 대응가능성이 적으면 최종안으로 결정할 수 없다.

잠재문제분석

잠재문제분석은 실행계획을 성공적으로 수행하기 위해 잠재문제 및 그 원인을 사전에 예측, 예방대책을 수립하여 문제의 발생을 사전에 방지하고, 문제가 발생하더라도 대책을 수립하여 그 영향을 최소화하는 것을 말한다.

잠재문제분석을 위해 교회관리자는 장래에 발생할 수 있는 불리한 상황, 일어날 수 있는 위험 등 잠재문제를 예측하여 기술하고, 객관적으로 판단하여 발생가능성과 발생시 심각성을 구분하여 평가할 필요가 있다. 문제에 대한 대책으로 예방대책과 발생시 대책이 있다. 예방대책은 잠재문제에 대한 원인을 사전에 제거하거나 그 발생을 억제함으로써 문제발생을 예방하기 위한 것을 말하며, 발생시 대책은 예방대책을 실시했음에도 불구하고 문제가 발생했을 때 계획에 미치는 악영향을 최소화하기 위한 대책이다. 문제 발생시 언제 누가 실행에 옮기느냐를 미리 결정해 둘 필요가 있다.

잠재문제분석은 급변하는 환경 속에서 유효한 장래의 대책을 강구하고, 실행계획의 주요요소를 성공적으로 수행하기 위한 중점사고의 습관화를 기하며, 예방대책과 발생시 대책을 정확히 구분함으로써 피해 및 기회손실을 최소화 할 수 있다는 장점이 있다.

예측의 세 종류

예측은 문제의 성격에 관한 정보를 토대로 교회의 미래상태에 대한 사실적인 정보를 이끌어내는 방법을 말한다. 예측은 크게 투사, 발견, 그리고 추측 등 세 가지 형식을 가지고 있다. 투사는 현재까지의 역사적인 경향을 장래로 연장하여 미래를 예측하는 것이고, 발견은 명백한 이론적 가정을 통해 예측이 이뤄지는 것을 말한다. 그리고 추측은 주관적 판단에 의해 이뤄지는 것을 말한다. 예측의 세 종류는 각각 경향외삽(trend extrapolation), 이론적 가정(theoretical assumption), 주관적 판단(subjective judgement)에 바탕을 두고 있다.

예측의 유형

예측의 종류	예측의 기초	기본관점
투 사	경향외삽	역사적 경향, 과거의 선례
발 견	이론적 가정	원인, 유추
추 측	주관적 판단	통찰력, 동기부여

경향외삽

경향외삽이란 과거에 관찰된 일반적 경향을 미래에까지 확장시키는 것이다. 여기에서는 아무런 새로운 정책이 취해지지 않거나 돌발적인 사건에 의해 현재의 진행이 방해받지 않는다면 과거에 발생했던 것과 똑같은 과정이나 결과가 미래에도 발생할 것이라고 가정한다. 이것은 귀납적 논리(inductive logic), 곧 시계열 분석자료와 같은 관찰로부터 일반적인 결론이나 주장을 유도해

내는 추론과정에 바탕을 두고 있다. 이것은 과거의 경향이 미래에도 반복된다는 가정아래 취해지는 것이므로 반복이 되지 않을 경우 의미를 상실하게 된다.

외삽적 예측기법들은 대개 시계열분석 형태를 취하게 되는데 시계열분석자료는 과거나 미래에 있어서 변화량이나 변화율을 측정할 수 있게 한다. 외삽적 예측기법은 경제성장, 인구감소, 에너지소비, 생활수준, 기관의 업무량 등을 투사하는데 쓰여져 오고 있다. 투사를 함에 있어서 이 기법은 지속성, 규칙성, 자료의 신뢰성 및 타당성을 가정한다. 지속성은 과거에 예측된 어떤 경향이 미래에도 똑같이 계속될 것을 말하고, 규칙성은 과거의 어떤 경향이 미래에도 똑같은 규칙성을 가지고 나타날 것을 말하며, 자료의 신뢰성과 타당성은 어떤 경향에 대한 측정이 신뢰성이 있고 타당성이 있다는 것을 말한다. 이 세 가정이 충족되어야 변화에 대해 깊은 통찰력을 낳을 수 있으며, 이 가운데 어느 하나의 가정이 결여될 경우 미래는 그저 과거를 따를 것이라느니 또는 따라야만 한다는 식의 보수적 환상(conservative illusion)을 낳게 된다.

외삽적 예측에는 전통적인 시계열분석, 선형경향추정, 비선형시계열 등이 있다. 비선형시계열에는 진동(oscillations), 순환(cycle), 성장곡선(growth curve), 쇠퇴곡선(decline curve), 격변곡선(catastrophe)으로 나타난다.

진동은 교회가 일정한 기간동안 꾸준히 성장하거나 감소하는 성향을 보여주지 않고, 대신 몇 일이나 몇 달, 분기 등 짧은 기간동안의 진동이 아주 장기간에 걸쳐 계속적으로 나타나는 것을 말한다. 진동은 성장과 감소의 진동이 연속적 파동으로 나타나 쉽게 예측될 수 있다. 계절적 변동, 업무량의 월변동, 교인수의 월간변동 등이 그 보기이다.

순환은 시간적으로 수년 또는 그 이상에 걸쳐 나타나는 비선형 파동이다. 순환은 쉽게 예측할 수 없으나 일정한 기간에서는 선형이나 곡선형을 취하는 경향이 있다. 교회의 사업순환(business cycle)이나 생활주기(life cycle) 등이 이에 속한다.

성장곡선은 수년이나 수십 년 등의 기간을 단위로 하여 성장율이 가속적으로 상승하거나 체감적으로 증가하는 경우를 말한다. 이 두 현상이 겹쳐서 나타나는 수도 있는데 이를 S자형(Sigmoid) 곡선이라 한다. 생물학적 유기체에 관한 연구로부터 발전된 성장곡선은 산업성장율, 인구증가율, 기술증가율 등을 예측하는데 사용되어 왔다. 교회의 경우 교회성장율, 교회기능의 증가율 등을 예측하는데 사용될 수 있다.

쇠퇴곡선은 성장곡선과 반대되는 경우로 그 감소율이 가속적으로 증가하거나 체감적으로 감소하는 것을 말한다. 쇠퇴곡선은 문명의 쇠퇴나 어떤 사회의 몰락 과정, 도시의 몰락 과정 등을 동태적으로 설명하는데 사용되어 왔다. 교회의 쇠퇴도 이에 적용할 수 있다.

격변곡선은 시계열곡선이 갑작스럽게 심한 불연속을 보이는 경우이다. 이러한 현상은 전쟁기간 정부정책의 갑작스런 전환, 경제위기로 인한 증권시장의 몰락 등에서 볼 수 있다. 격변곡선을 재난이라 부르기도 하는데 이는 한 변수에 있어서의 작은 변화가 다른 변수에 갑작스럽고 극적인 변화를 유발하기 때문이다. 여기서 재난이란 급박한 불운이나 재앙이라는 의미보다 수학이론에서 쓰이는 불연속 과정을 뜻한다. 사회현상 중에서 불연속

진행과정을 나타내는 좋은 보기가 여론이다. 보통 때는 부드럽고 점진적으로 변하다가도 어떤 이슈를 둘러싸고 여론이 급격히 변하여 정책상의 변화를 가져오게 된다. 비록 부분부분이 비교적 점진적이고 부드럽게 변화할지라도 전체로서의 사회체제가 급격하게 변하는 수가 많다. 즉, 사람들 하나하나의 생각은 비록 천천히 변화해 가지만 여론은 주요정책이슈를 둘러싸고 갑자기 분기해서 공공정책을 급격하게 변화시킬 수 있다.

이것은 교회에서도 예외가 아니다. 교회관리자는 교인들로부터 지지를 얻기 위해 현재의 일상적인 절차나 상황을 점진적으로 부드럽게 변화시킬 수 있는 정책을 선호하는 경향이 있다. 재난을 지체시키고자 하는 시도는 불완전한 정보, 분석에 있어서 직관형식의 만연, 정치적인 충성심과 책임감, 제도의 비활성, 과거의 선례 등 여러 요인의 영향을 받는다. 점진적인 정책형성은 재난적인 정책변화를 가능한 한 최후 순간까지 지체시키려는 경향이 있다. 이는 정책관련집단들의 의견이 부드럽게 변화해감으로써 급작스런 방향전환을 원하지 않기 때문이다. 그러나 일정한 시점에 이르러서는 일반의 지지를 유지하기 위해 정책결정자는 갑작스럽고 불연속적인 변화를 꾀하게 된다.

【그림1】 비선형 시계열의 종류

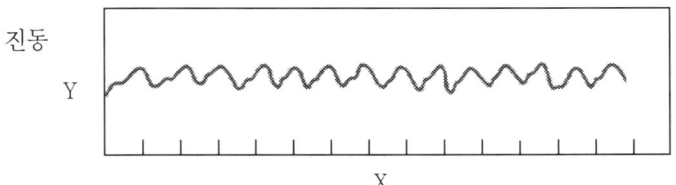

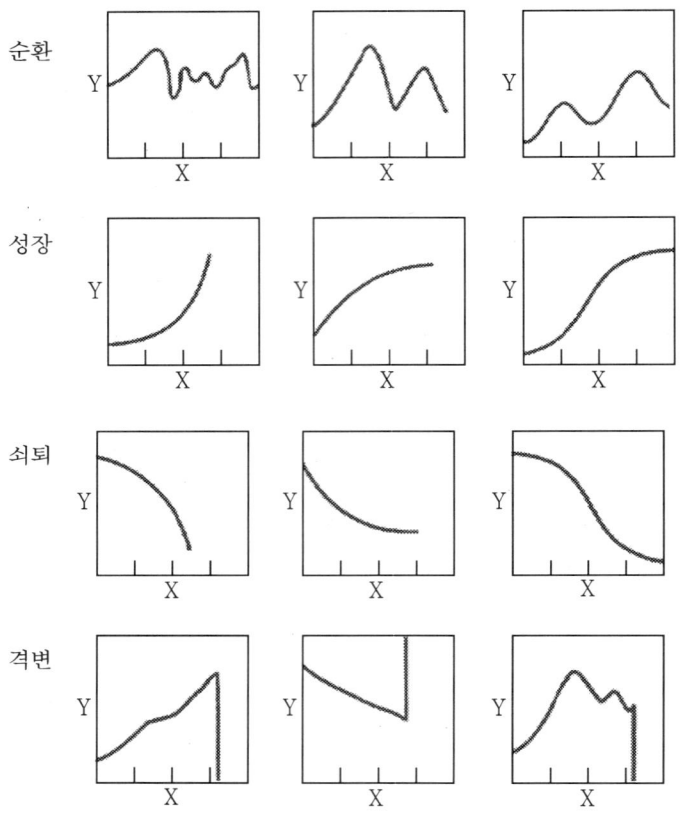

이론적 가정

이론적 가정은 한 사건의 발생을 예견할 수 있는 체계적인 구조를 갖고 있는 경험적으로 검증가능한 일련의 법칙과 명제를 말한다. 이것은 일반적으로 인과관계의 형식을 갖고 있으며 설명과 예측에 사용되고 연역적 논리(deductive logic), 곧 일반적 진술이나 법칙, 명제로부터 특별한 정보나 주장을 추론해내는 과정을 기초로 하고 있다.

이론적 예측기법은 몇가지 이론적 가정과 여러 자료를 바탕으로 해서 미래를 예견하는 기법이다. 역사적인 일련의 상황이 다시 반복될 것이라는 가정 아래 취해지는 외삽법과는 달리 여러 이론 속에 포함되어 있는 각종의 인과관계에 관한 연역적 가정을 근거로 예측이 이뤄진다. 연역적 추론은 '만약 어떤 사건 A가 발생하면 또 하나의 사건 B가 뒤따르게 될 것'이라는 논리이다. 이론적으로 연역된 예측이 경험적 연구를 통해 검증되어질 때 연역적 진술의 설득력은 커진다. 따라서 이론적 예측에서는 연역과 귀납이 분리된 것이 아니라 서로 관련되어 있음을 강조하지 않으면 안된다. 마찬가지로 단순히 경험적으로 얻어진 귀납적 일반론도 이론적인 가정에 의해 뒷받침될 때 더욱 설득력을 갖게 된다.

이론적 예측기법에는 이론지도(theory mapping), 경험분석(path analysis), 투입-산출분석(input-output analysis), 선형계획(linear programming), 회귀분석(regression analysis), 구간추정(internal estimation), 상관분석(correlation analysis) 등이 있다. 이 가운데 이론지도는 이론적 가정들을 확인하고 체계화하는 데 도움을 주며, 다른 방법들은 미래의 상태에 대해 보다 정확한 측정을 하는 데 도움을 준다.

주관적 판단

주관적 판단은 귀납적 추론이나 연역적 추론에 의하기보다는 내적 통찰력, 직관력에 의해 즉각적인 지식을 이끌어내는 것을 말한다. 이것은 보통 전문가나 지식인에 의해 이루어지고 이론과 현실 자료 중 어느 하나도 사용하기가 어려울 때 이용된다. 이것은 미래에 대한 어떤 주장에서 시작하여 이를 뒷받침할 수 있는 정보나 가정을 탐색해 나가는 추론과정을 기초로 이루어지는 것이 보통이다.

따라서 이를 회귀적 이론(retroactive logic))이라 부르기도 한다. 주관적 판단의 보기로 과학자들이 미래의 기술변화에 대해 추측하는 것을 들 수 있다. 미래 과학자들이 2000년대에는 교회가 어떻게 변화될 것이라고 추측하는 것도 이에 해당된다. 과학자들은 이 주장을 변호할 수 있는 자료나 가정을 찾기 위해 회귀적 논리를 사용하게 된다.

주관적 판단은 주로 경향추정방법을 사용하며 이에 속한 것으로 상호영향법(cross impact method), 명목집단법(nominal group method), 델파이법(delphi method), 현실가능성평가법(feasibility assessment technique) 등 여러 가지가 있다. 상호영향법은 브레인스토밍이나 시넥틱스(synectics)의 방법처럼 직접적인 상호작용을 통해 종합하는 것을 말한다. 명목집단법이나 델파이법은 직접적인 상호작용없이 전문가로서의 의견을 제시할 때 사용한다.

현실적으로 귀납적 추론, 연역적 추론, 그리고 회귀적 추론 사이의 경계는 그렇게 명확하지 않다. 회귀적 추론은 현재와는 상당히 다른 미래를 탐색하는 창조적 방법으로 쓰이는 경우가 많다. 그런데 귀납적 추론이나 연역적 추론도 미래의 사회상태에 관한 주장을 이끄는 새로운 정보나 이론적 가정을 낳을 때 종종 사용되기 때문이다. 그러나 귀납적 추론이나 연역적 추론은 대부분 과거의 사건에 관한 정보나 이미 수립되어 있는 과학적 이론을 사용함에 따라 미래에 대한 사고의 범위를 제한하기 때문에 상당히 보수적인 성격을 띤다.

의사결정 모형

교회관리자는 의사결정자이다. 문제분석, 예측에 이어 의사결정을 내림에 있어서는 크게 합리적 모형(rational model), 만족화 모형(satisficing model), 그리고 사회적 모형(social model) 등 세 가지로 나뉜다(양창삼, 286-290). 합리적 의사결정은 매우 선호되는 것이지만 여러 제약 때문에 만족화 의사결정이 많아지고 있다. 사회적 의사결정은 가장 바람직하지 못한 것으로 평가됨에도 불구하고 교회관리자들 가운데서 많이 나타나고 있다.

합리적 모형

의사결정에 있어서 합리적 모형은 교회관리자가 모든 면에서 이성을 가지고 완전히 합리적인 결정을 내리는 것을 말한다. 문제와 대안을 완전히 알고 있고, 최적대안을 결정하는데 아무런 문제가 없으며, 위험이나 오류의 가능성이 거의 없이 가장 바람직한 상태에서 의사결정을 내릴 수 있을 때 가능하다. 고전 경제학이 합리성에 바탕을 두고 있어 경제적 모형이라 부르기도 한다. 이러한 의사결정은 환경이 안정적일 때 내릴 수 있다.

다음은 합리적 의사결정을 내리기 위해 교회건축부지 매입시, 그리고 건축설계를 의뢰하기 앞서 해야 할 일들을 적어본 것이다(전수재, 1996).

* 교회건축부지 매입시 유의사항 *
- 부지가 담보, 압류되어 있거나 맹지(길이 없는 부지)가 아닌지 확인할 것.

- 교회를 지어도 문제가 없는 부지인지 군, 구, 시청 건축계에 확인해 볼 것.
- 지주와 건물주가 동일한지, 지주와 땅 사용자가 동일한지 확인할 것.
- 민원의 가능성이 있는지 충분히 검토해 볼 것.
- 암반이나 수렁이 있는 부지는 피할 것.
- 지역교회와의 근접거리를 반드시 확인할 것.

* 건축설계를 의뢰하기 앞서 해야할 일들 *
- 지질검사 : 암반의 여부, 지반 연약의 여부를 확인한 후 설계해야 한다.
- 설계자 선정 : 교회건축의 경험이 있는 설계자에게 맡겨야 한다. 특히 이전에 그 설계자에 의해 건축된 교회의 설계도를 검토해 봐야 한다.
- 설계 : 교회의 특수성을 고려해 설계할 수 있도록 해야 한다.
- 경비 : 전체 경비의 70%정도는 준비된 상태에서 시작한다.
- 책임자 : 교회내 책임자를 선정해 한 책임자를 통해 일이 진행될 수 있도록 한다.

만족화 모형

만족화 모형은 사이먼(H. Simon)이 경제적 모형의 비현실성을 지적하고 이에 대한 대안모형으로 제시된 것이다. 그에 따르면 인간은 지적 능력의 한계 때문에 문제를 완전하게 파악하고 그에 대한 모든 대안을 완전히 알 수 없으며, 실제 세계도 제한적으로 인식할 뿐이고, 대안을 선택함에 있어서도 기대가치를 극대화시키기보다 그만하면 만족하는 선에서 결정하는 성향이 있다.

만족화 모형은 환경이 불안정해지면서 더욱 설득력을 지니고 있다. 교회관리자가 합리적으로 의사결정을 하고자 해도 조건이 여의치 않아 차선의 대안을 택할 수 밖에 없을 경우 이에 해당한다.

사회적 모형

사회적 모형은 인간의 이성과 합리성을 강조하는 경제적 모형과는 달리 인간의 감성과 비합리성에 초점을 두어 인간은 감정·정서·본능을 가지고 있고 사회적 압력과 영향을 받아 비합리적이고 비이성적인 의사결정을 하게 되는 것을 말한다. 인간이 다른 사람이나 집단으로부터 영향을 받는다는 것은 애쉬(S. Asch)의 길이 시험에서 입증된 바 있다. 목회자가 자기의 이성적 판단보다는 다른 사람들의 말이나 행동에 영향을 받는 것은 그 대표적이다. 다른 교회가 어떤 프로그램을 하니까 우리 교회도 해야 한다고 생각하는 것도 이에 속한다. 교회관리자는 다른 교회나 다른 목회자가 하니까 나도 해야 한다고 말할 것이 아니라 그것이 과연 교회에 적합하고 신앙적 유익을 가져다 줄 것인지 따져볼 필요가 있다. 아무런 주견도 없이 유행에 따라 이것저것 택할 경우 목회자나 교인들에게 무거운 짐만 안겨주게 된다. 이것은 교회관리자의 바람직한 태도가 아니다.

지금까지 문제의 합리적 분석방법과 의사결정 방법을 살펴보았다. 교회관리자는 분석능력과 함께 판단능력을 가지고 있어야 한다. 관리자는 하나님이 주신 이성적 달란트를 최대한 발휘하여

관리하고, 인간의 합리적 판단으로 해결할 수 없는 경우에는 하나님께 나아가는 모습의 삶을 살아야 한다. 어떤 경우에 있어서든 교회관리자는 겸손히 하나님께 지혜를 구할 때 하나님께서 판단할 능력을 주시고 선히 인도하신다.

【 도움되는 말 또는 사례 】

* 교회건축, 무엇이 문제인가?

뚝섬의 A교회는 2년 전 지역주민들의 반대로 교회건축이 중단됐다. 교회가 그 지역에 세워질 경우 집값이 떨어질 뿐 아니라 찬송소리, 기도소리 등이 생활환경을 저해한다는게 주민들의 반대 이유였다. 현재까지도 이 교회의 건축은 중단된 상태이다. 앞으로도 문제가 해결될 기미는 보이지 않고 있다. 결국 이 교회는 교회를 짓는 일을 포기하고 부지를 다른 곳에 팔려고 계획중이다.

현재 한국에서는 교회가 들어서면 집값이 떨어진다는 통념이 널리 퍼져 있다. 그래서 지역주민들은 자신들의 주거지역에 교회건축이 시작되면 너도나도 반대하고 나선다.

이런 이유로 건축시공에 들어가기 한달 전에 건축공고문을 세워야 하는 법이 생기기도 했다. 이런 상황에서 교회건축 문제들을 해결하고 바른 교회건축문화 정착을 위한 세미나가 기독교윤리실천운동의 건축인 모임과 한국교회진흥원에서 각각 열렸다.

세미나에서는 교회건축시 빈번하게 발생하는 민원문제가 교회건축의 근본적인 문제라고 꼽았다. 이처럼 민원문제가 심각하게 나타나는 이유는 그간 교회들이 제 역할을 하지 못한 채 교회내 행사에만 급급해 지역주민들로부터 인심을 잃었기 때문이라는 것이다. 이들은 이런 문제점을 해결하기 위해서는 교회 프로그램의 근본적인 전환이 있어야 할 것이라고 말했다. 또한 그런 프로그램의 실시를 위해서는 교회건축 시공 때부터 특수프로그램을 위한 공간이 확보되어야 할 것이라는 것이다. 이들은 민원을 해결하고 교회의 올바른 역할을 수행할 수 있는 프로그램으로 지역 노인정으로서의 교회를 열고, 문화공간 마련 등을 꼽았다.

이들은 또 교회건축시의 문제는 시공업체 선정에 있어서도 심각하다고 말했다. 대개의 시공업체들이 교회건축을 기피하고 있기 때문이다. 시끄러운 민원도 문제지만 자금 대불이 약속된 날짜에 제대로 이루어지지 못하기 때문이다. 약한 자본으로 교회를 짓다보니 믿을 만한 건축업자를 만나는 일이 쉽지 않다.

때문에 알고 지내는 건축업자나 교회직분이 있는 건축업자, 혹은 낮은 건축비로도 교회를 지을 수 있는 업체에 맡기기 마련이다. 이 현상은 교회의 부실공사나 교회의 특성을 살리지 못한 부실설계 등의 문제를 낳고 있다. 이 문제점을 극복하기 위해 믿을 만한 단체와의 상담과 적어도 건축비의 70%정도는 준비된 상태에서 일을 시작해 줄 것을 당부했다. 제 날짜에 지불하지 못하는 자금난은 한국교회에 대한 불신을 낳고 있기 때문이다(전수재, 1996).

【 생각해 볼 문제 】

1. 교회에 문제가 발생했을 때 관리자는 스스로 어떤 질문을 해야 하는가? 그것을 분석방법과 연결시켜 말해보라.
2. 대책에는 시정대책, 잠정대책, 그리고 적응대책이 있다. 이것의 차이를 구분해보라.
3. 경향외삽이란 무엇이며, 이것의 한계는 무엇인가?
4. 귀납적 추론, 연역적 추론, 그리고 회귀적 추론을 구별하고, 그에 따른 방법으로 각각 무엇이 있는지 말해보라.
5. 교회관리자가 사회적 의사결정 모형을 택하는 경우가 많다. 이것은 어떤 문제를 낳게 되는가?

【 참고문헌 】

- 양창삼, 「조직이론」, (박영사, 1994).
- 전수재, '교회건축, 무엇이 문제인가,' 「기독교연합신문」, 1996년 12월 1일.
- Simon, H. A., Administration Behavior(NY : Macmillan, 1957).

6. 교회조직과 대의민주제도

이스라엘의 성전과 회당 조직

일반적으로 교회조직의 원형으로 예루살렘의 성전(temple)이나 이스라엘 마을마다 있었던 회당(synagogue)을 떠올린다. 원래는 성전 하나만 존재했지만 바벨론 포로기 중 성전 중심의 종교활동을 할 수 없게 되자 회당제가 발전하여 각곳에 회당이 있게 되었다. 이 두 형태 모두 역사적으로 교회조직의 발달과 연관되지만 개교회 측면에서 보면 회당조직이 성전보다 더욱 밀접한 관계를 가지고 있음을 알 수 있다.

그러나 성전과 회당은 여러 가지 점에서 차이가 있다. 성전은 민족 전체의 모임이지만 회당은 마을중심이다. 예루살렘 성전에는 아무나 들어갈 수도 없지만 마을마다 있는 회당에는 누구나 다 들어갈 수 있었다. 성전에는 제사장이나 레위인들이 모든 일을 맡아 처리하지만 회당은 특정인이 정해져 있지 않았다. 그렇다고 모든 사람이 회당일에 참여하는 것이 아니라 장로들을 뽑아 그들로

하여금 일을 하도록 하였다. 성전에는 하나님과 인간들의 수직적 관계가 강조되지만 회당은 수평적 인간관계가 강조되었다.

회당을 뜻하는 수나고게는 원래 '만남의 집,' '기도의 집'이라는 뜻으로 강가에서, 나무 밑에서, 어느 건물 곁에서, 그리고 들판에서 기도하는 장소로 사용하기 시작할 때 불리기 시작했다. 이것은 마치 우리의 개교회가 출발하던 모습과 매우 흡사하다. 회당은 아브라함과 그의 후손이 하나님의 언약 안에서 한 자리에 모여 교제하는 모임이기도 해서, 마을 사람들은 의무적으로 이곳에 참여해야 했다. 회당은 마을 사람들의 생활중심지였다.

회당은 또한 영적 생활의 중심지이기도 하다. 회당의 예배는 성전의 제사와는 아주 다르다. 회당의 예배는 성경을 읽고 해석했으며, 기도하고 찬송하였다. 회당예배는 성전의 제식에 비해 자유로웠다. 성전예배는 제사장들이 주관하지만 회당예배는 장로들이 주관하였다. 성전예배는 이스라엘 민족 전체의 행사였지만 회당예배는 분산된 마을의 예배모임이었다(Heilman, 63). 회중은 안식일 뿐 아니라 수시로 모여 예배를 드리고, 종교적으로 의문이 나는 것을 물으며, 토론도 하고 율법을 함께 연구하기도 했다. 오늘의 개교회 입장에서 볼 때 성전예배 보다는 회당예배가 더 친근감을 주는 것은 이 때문이다.

장로와 대의조직

현재 개교회는 장로들을 중심으로 한 당회가 구성되어 있다. 이것은 대의제라는 역사성 및 성경적 배경을 가지고 있다. 이스라엘은 기본적으로 백성들의 대표로 구성된 대의제를 기본으로 하고 있다. 이 대의제도가 바로 장로직이다. 이스라엘의 장로들은 백성을 대신하여 말을 하고 행동했다. 출애굽 당시 70인 장로들은 회중의 지도자로서 모세를 돕기도 했지만 백성들의 원망을 모세에게 그대로 전하기도 하였다. 70인 회의는 온 이스라엘의 대표로서, 모세로부터 명령을 받아 자기 직무를 수행했다. 포로시대 이후 회당의 회중들은 장로들을 직접 뽑아 회당의 일을 하게 하였다.

대의조직은 이스라엘의 모든 조직의 기본으로 대의정신은 계속 이어졌다. 그들은 대의제를 하나님의 백성으로서 하나님의 뜻을 가장 잘 수행할 수 있는 것으로 간주했다. 제사장들은 그들의 삶의 터전과 먼 성전에 있었고, 선지자는 늘 일어나는 것이 아니었다. 따라서 장로들을 그들의 지도자로 세우고 그들의 뜻을 대표하는 대의원으로서 삼았다. 오늘날 교회의 민주성은 회당을 다스리고 회당의 교육을 감당할 사람을 뽑아서 그들로 하여금 회당을 운영하게 한 대의민주체제에 바탕을 두고 있다.

장로들을 히브리말로 '자켄'(zaqen)이라 한다. 이들은 젊은 사람보다 지혜와 경험이 많아 사람들을 판단하고 지도하는데 적합했고, 책임감도 뛰어나 주위사람들로부터 인정을 받았다. 이같은 인정은 아브라함의 재산관리를 맡은 늙은 종이 받은 것과 매우 흡사해 때로는 족장시대의 늙은 종을 장로의 기원으로 삼기도 한다. 장로들을 선출할 때 비교적 나이든 인물을 뽑는 것은 이 때문이었다.

장로의 권위는 장로 한 사람에게 있는 것이 아니라 여럿이 모여 중론을 모으는데 있다. 이것은 단순한 자치적 조직이라기보다 하나님의 뜻을 모은다는데 더 의미가 있다. 한 장로로는 어떤 회무도 결정하지 않았다. 회중들로부터 선출된 장로들은 상회인 산헤드린(Sanhedrin)으로부터 임명을 받아 회당을 다스렸다. 회당의 장로들은 주로 3인으로 구성되어 회의를 열었고, 장로들 가운데 한 사람이 장로회의 대표장로가 되어 회를 인도할 뿐 아니라 회당예배를 주관하였다. 제사장이 예배에 참석했을 경우 그로 하여금 민수기 6장 22-27절의 말씀에 따라 축도하도록 하였고, 제사장이 불참했을 경우 회당의 장로들 가운데 한 사람이 기도함으로 예배를 끝냈다. 대표장로는 회중으로부터 존경을 받는 것으로 끝나지 않는다. 다른 장로와 똑같은 의무와 권리를 가진다.

이 대표장로 아래 장로들은 크게 다스리는 장로와 가르치는 장로로 구분된다. 다스리는 장로들은 행정과 경영, 징계, 그리고 구제사업을 했다. 회중들에게 범법행위가 있을 경우 제명은 물론 추방을 시키기도 했다. 이것은 오늘날의 당회가 어디서 유래했는가를 보여준다. 장로들 가운데 가르치는 임무를 맡는 장로들에게는 안수를 하여 따로 세웠다. 그러나 그들은 목사로 세움을 받은 것은 아니므로 제사장처럼 기름부음을 받지는 않았다. 가르치는 장로들을 서기관이라 했는데 이들은 특별히 성경과 전통에 대해 교육을 받았다.

사도들을 포함하여 모든 유대인들은 회당생활을 했던 사람이었다. 베드로, 요한 모두 회당에서 장로로 피선된 적이 있었다. 바울도 경력을 보아 장로로 피선되었을 것으로 추측되고 있다. 사도들은 회당을 복음사역과 분리시키지 않고 오히려 그곳을 선교의 중심으로 삼아 예수 그리스도를 전파했다. 회당의 많은 사람들이 믿고 회개하는 역사가 일어났다.

상회조직

　현재 개교회의 상회 조직으로 노회, 대회, 그리고 총회를 두고 있다. 대회는 교회헌법으로 보장되어 있지만 실제로는 활용되지 못하고 있다. 그러나 총회의 비대화와 함께 지역단위의 활성화를 위해 대회가 부활될 가능성이 높아지고 있다.

　노회는 여러 교회들이 모여 만든 조직이다. 신약시대 한 지역에 여러 개의 회당이 있을 때 서로의 유대관계를 가지기 위해 장로회(presbuterion, gerusia)를 구성하였다. 이 회는 각 회당에서 대표로 뽑힌 장로들로 구성된 것으로 회당들 사이에 연합하는 일 뿐 아니라 각 회당의 문제점들을 협의하고 하나님의 뜻을 구했다. 이로 보아 노회도 대의조직임을 알 수 있다. 노회의 회장은 1년에 한 번 선출하여 9월부터 임무를 수행토록 했다. 9월은 이스라엘 사람들에게 있어서 새 해, 새 달에 해당하기 때문이다.

　우리의 총회에 해당하는 것으로 산헤드린이 있다. 우리말 성경에는 공회로 소개되고 있다. 산헤드린은 원로원을 뜻하는 마케도니아어 '시네드리(synedri)'에서 나왔으며, 헬라어로 '수네드리온(sunedrion)'이라 한다. 예루살렘의 산헤드린은 전·현직 대제사장과 24 제사장, 율법을 가르치는 직업적 서기관, 그리고 회당이나 노회에서 파송된 장로들로 구성되었다. 산헤드린은 명실공히 이스라엘의 의회대표자들로서 회원은 모두 71명이다. 예루살렘 산헤드린 아래 몇 개의 지방 산헤드린이 있지만 그 규모는 작고 권위도 그 아래 있었다. 예루살렘 대 산헤드린은 이스라엘 온 지역 뿐 아니라 국외에 흩어져 있는 모든 유대 회당에 대해 권한을 행사할 만큼 막강했다. 정치적으로 보면 국회에 준하는 역할을 했다.

사도시대에도 예루살렘에서 총회를 가졌다. 당시 총회는 모세의 율법을 따라야 하는가 하는 교리적 문제를 놓고 바울과 바나바 사이에 다툼이 있어 사도와 장로들이 소집되었다. 바리새파 사람들은 이방인에게 할례를 주고 모세의 율법을 지키라 명하는 것이 마땅하다 하였다. 그러나 베드로는 예수의 은혜로 구원얻은 것을 강조했고, 야고보도 구약을 인용하며 복음의 진수를 말했다. 이 회의에 참석한 사람은 대의원들이었다. 안디옥교회는 사도들과 몇몇 장로들을 선정하여 총회로 보냈고 총회결과를 보고토록 하였다.

지금까지 우리의 교회조직을 이스라엘의 회당, 노회, 그리고 총회에 비추어 살펴보았다. 이 모든 조직은 교회조직이 기본적으로 민주적인 대의제도를 바탕으로 하고 있으며, 삼심제도의 원리도 여기서 파생되었음을 알 수 있다. 장로교회를 비롯한 모든 개혁교회는 이러한 조직제도를 받아들여 시행하고 있다. 장로교회(prebyterian church)는 회당조직체계만을 도입하고 있지는 않다. 오히려 성전과 회당의 양면성을 함께 가지고 있다(Reed, 1-3). 그러나 교회의 조직과 운영이 이처럼 민주적 질서에 바탕을 두고 있다는 점을 잊어서는 안된다.

신정과 민정

우리는 이러한 대의조직이 이스라엘의 신정체제(theocracy)와 어긋나지 않는가 생각할 수도 있다. 대의조직은 사람들에 의한 대표민주주의(democracy) 성격을 나타냄에 반해 신정체제는 하나님의 친정의 성격을 보여주기 때문이다. 그러나 이스라엘은 신정국가이면서도 민정국가라는 점을 이해하지 않으면 안된다.

이러한 삶의 모습을 성전의 삶과 회당의 삶이 어떻게 어우러지는가를 통해서 발견할 수 있다. 하나님의 언약속에 있는 백성들은 하나님을 성전에서 직접 만나며 회당에서 간접적으로 만났다. 백성들은 성전에 있을 경우 엄숙한 자세를 취했다. 숨소리조차 내지 않았다. 그만큼 하나님을 두려워했다. 하지만 회당에서는 이와는 달리 활달한 모습을 하였다. 아무런 제한을 받지 않고 자유롭게 신앙생활을 했다. 백성들은 성전에서보다 오히려 회당에서 하나님을 예배하고 찬양하고 그의 은총을 기리며 기뻐했다. 하나님의 처소는 예루살렘 성 안에만 있는 것이 아니다. 흩어진 회당 안에, 더 구체적으로 흩어져 있는 심령 안에 있다. 회당의 회중은 하나님 중심으로 살면서도 자유하였다. 그들은 모든 원칙을 하나님께 두었고, 그 원칙 안에서 자유를 누리는 방법을 사용했다. 이것이 이스라엘 백성들이 가지고 있는 양면성이다(손병호, 69).

이 양면성은 신정조직이면서 민정조직을 이루는 이스라엘의 모습으로 나타난다. 하나님은 언제나 주인이시고 사람은 그를 영화롭게 하고 기쁘시게 하는 자유인들이다. 그 자유는 주의 종으로서의 자유이다. 주인은 오직 하나님 한 분이시다.

칼빈의 장로제와 민주제도의 확산

장로교회는 민주주의에 바탕을 두고 있다. 칼빈은 독재나 전제정치에 반대되는 대의민주정치를 표방하였다. 그의 이러한 사상은 독재적이고 전제적이며 군주적인 로마교황정치체제에 반대하는 것과도 연관되어 있다. 그의 이러한 이 사상은 공화주의로 나타나 있으며 장로회 정치에 구현되었다. 칼빈은 이것을 제네바에 적용하였다.. 칼빈의 민주적 장로회 정치는 대의적 회당정치와 사도교회의 정치원리에 바탕을 두고 있다. 칼빈은 16인회, 60인회, 200인회, 시민전체회 등 연속의회제도(a series of councils)를 통해 대의정치를 구현코자 하였다. 교회의 경우 이 연속의회제도는 당회, 노회, 총회 등 연속회의기구로 이어진다. 장로교회가 당회, 노회, 그리고 총회라는 회의기구로 이어지는 것은 근대민주정치에 커다란 영향을 주었다.

여러 역사가들은 '칼빈이 미국의 실제적 창건자이다', '장로교회의 헌장이 미국의 헌법 그대로이다'라는 말을 한다. 미국 국가 헌법이 장로교회의 헌장과 유사하기 때문이다. 장로교회는 구약에서부터 신약에 이르기까지 시대에 따라 대표로 선정되고 참정권을 행사해온 교회의 조직역사를 그대로 반영하고 있으며, 미국 헌법은 이 제도를 택했을 따름이다.

교회의 주인은 오직 하나님

교회의 조직은 근본적으로 개교회, 노회, 총회이다. 이러한 연속적 조직체계에 따라 지위와 권한 그리고 책임이 주어진다. 그렇다보면 당회장, 노회장, 총회장이 나오게 되고 그에 대한 지위 욕구가 강해진다. 때로는 그 지위에 대한 욕구가 지나쳐 하나님보다 인간을 내세우게 되는 경우가 발생한다. 교회조직의 목적은 하나님의 뜻을 바르게 세워나가는데 있다. 따라서 그 어떤 경우에도 인간적인 것을 앞세워서는 안된다.

목사든 장로든 집사든 모두 하나님의 종에 불과하다. 교회의 주인은 목사도 아니요 장로도 아니다. 오직 하나님 한 분 뿐이시다. 그럼에도 불구하고 목회자는 목회자 나름대로 권위를 내세우고, 장로는 장로대로 권위를 내세우고자 한다. 서로 주인이 되겠다고 싸움을 벌인다. 이것은 성경적이 아니다. 교회는 타락한 인간이 주인 노릇하는 곳이 아니다. 타락한 사람들은 자기가 하나님이 되어 군림하고자 한다. 하나님 위에 서서 순종을 강요한다. 교회는 인간의 뜻이 아니라 하나님의 뜻을 이 땅에 이루며 사는 하나님의 나라이다. 우리는 그 백성들로 하나님이 기뻐하시는 방법으로 살아가야 한다. 하나님 나라는 교황도, 감독도, 목사도, 장로도, 교인도 주인이 아니다. 그 나라의 주인이자 통치자는 오직 우리 주 예수 그리스도 뿐이시다. 장로교회는 이것을 고백하며 오직 그에게만 영광이 있기를 바라며 사는 사람들이다.

【 도움되는 말 또는 사례 】

어거스틴의 꿈

어거스틴이 신앙문제를 가지고 고민하던 중 꿈을 꾸게 되었다. 천국문 앞에 이르렀더니 천국 문지기가 물었다. '당신 누구요?' 그는 '예수 믿는 사람입니다'라고 대답했다. 그러자 문지기는 '내가 보니 당신은 예수 믿는 사람이 아니오. 당신 머리 속에는 예수님 말씀은 별로 없고 키케로의 사상만 가득차 있군요. 당신은 철학자일지 모르지만 그리스도인은 아닙니다' 라고 말하는 것이었다. 그는 깜짝 놀라 다짐했다. '나는 그리스도인이다. 이제는 예수 그리스도와 그분의 말씀에만 전념하리라.'

교회관리자는 목사든 장로든 지위보다는 예수 그리스도와 그 말씀에 관심이 있어야 한다. 지위는 그 나라의 일에 전념하기 위해 존재하는 것이지 인간의 명예를 높이기 위해 존재하는 것이 아니다.

바리새인의 특징

바리새인들의 특징은 어른 대접받기를 갈망했다는 것이다. 그들은 공공장소나 사람이 많이 모인 곳에서 인사받는 것을 좋아했다. 교회예배나 잔치에 초대받아 가면 상석을 요구했다. 예수는 어른 대접받기를 좋아하는 바리새적 성향에 대해 무서운 경고를 했다. '사람 중에 높임을 받는 그것은 하나님 앞에 미움을 받는 것이니라'(눅 16:15).

문안받고 어른 대접받기 좋아하는 태도는 한국에서도 도처에서 발견된다. 한국의 어른들은 공석상에서 아랫 사람들이 자기를 알아보고 와서 굽신하고 인사하지 않으면 어른도 몰라보는 버릇 없는 놈이라고 한다. 교회에도 장로들은 지정된 특별석이 있다. 하나님께 예배드리는 시간에 장로와 비장로를 구별할 필요가 있을까? 그렇다면 집사석도 따로 만들어야 하지 않을까? 이것은 자기가 어른이므로 어른 대접을 받아야 한다는 바리새적 사고가 아닐까? 구미(歐美)에는 장로석이라는 특별석이 따로 없다. 예수는 그리스도인들이 어른이 아니라 어린 아이처럼 되라고 말한다. 어린 아이의 속성은 자기를 낮추는 겸손이다. 어린이는 자신을 대접받아야 할 대단한 존재로 여기지 않는다. 자기를 어른이나 귀빈으로 모셔주기를 바라는 어린 아이는 하나도 없다.

한국교회가 가진 유교의 부정적 잔재는 바리새주의와 상당한 유사성을 가진다. 그래서 한국의 그리스도인들이 전통적 문화를 생각없이 수용하고 거기에 적응해 살다보면 자기도 모르게 바리새적 신자가 될 위험성이 있다. 그러므로 한국 그리스도인들이 할 수 있는 것은 바리새주의의 본질과 유사한 속성들이 유교적 전통 속에 존재하며, 그것이 교회 안에도 침투해있다는 사실을 기억하고 항상 깨어서 그것에 대한 경계의 고삐를 늦추지 않음으로써 바리새주의의 함정에 빠지지 않도록 노력하는 일일 것이다(양낙홍, 155).

【 생각해 볼 문제 】

1. 성전과 회당은 어떻게 다른가? 조직에서나 신앙생활 면에서 어떤 차이가 있는지 말해 보라.
2. 교회조직은 기본적으로 대의조직이라는 것을 이스라엘의 역사를 통해 설명해 보라.
3. 대의적 민주제도와 신정제도가 어떻게 어우러지는가를 말해 보라.
4. 칼빈의 장로제가 근대민주사회제도와 어떻게 연관되는지 말해 보라.
5. 목사나 장로가 취해야 할 기본적인 태도는 무엇인가? 바리새인의 함정에 빠지지 말라는 것을 우리의 문화와 연결시켜 생각해 보라.

【 참고문헌 】

- 손병호,「교회정치학원론」(양서각, 1984).
- 양낙흥, '한국교회는 바리새주의를 경계하라,'「목회와 신학」, 1996년 12월, 150-155.
- Heilman, S.C., Synagogue Life(IL: Univ. of Chicago Press, 1976).
- Reed, R.C., History of the Presbyterian Churches of the World(PA: Westminster Press, 1972).

7. 교회의 기구와 직책

교회의 기구

교회를 다스리는 기구는 당회, 노회, 대회, 그리고 총회이다. 이를 행정 또는 사법기구라 한다. 이에 대한 조직운영의 원리는 교회헌법에 명시되어 있으며 나라마다 차이가 있다. 장로교 행정에 있어서 최하 기본 치리회는 당회지만 교회를 설립하거나 당회를 조직하게 하는 권한은 당회에 있지 않고 노회에 있음으로 장로회에 있어서 중심치리회는 노회이다. 당회를 지교회라 부르는 것도 노회를 중심으로 하는 호칭이다.

당회, 제직회, 공동의회의 차이

당회는 개교회를 다스리는 치리회로 교회회의를 뜻한다. 우리말의 당은 모이는 집을 뜻하지만 영어의 session은 좌석을 취하는 행위를 가리킨다. 이것은 이스라엘 백성들이 회당에서 장로들로 가졌던 모임에서 유래되었고, 그들이 가진 노회와 총회, 그리고 사도교회가 예루살렘과 에베소에서 가진 교회 회의에 따라 종교개혁자들이 이것의 회복을 주장함에 따라 오늘에 이르게 되었다.

장로회는 의회제도의 교회이다. 따라서 목사와 장로가 모여 각종 회의를 구성하고 거기서 정치와 행정과 사법권을 발휘할 필요가 있게 된다. 따라서 교회는 헌법이 정하는 바에 따라 상회인 노회의 지도와 감독을 받아 당회를 구성하여 행정권과 사법권을 행사하게 된다. 입법권은 없다.

헌법에 당회조직은 당회장, 당회원, 그리고 세례교인 25인 이상을 요한다. 당회장은 노회가 당회장권을 부여한 목사로, 반드시 위임목사를 가리키는 것은 아니다. 당회장직은 개교회에서 생겨나는 것이 아니라 상회인 노회로부터 내려오는 직이다. 당회원은 교인의 기본권을 대표하는 치리장로를 말한다. 집사는 당회원이 될 수 없다. 따라서 목사는 당회장이 되지만 당회원은 아니며, 장로는 당회원은 되지만 당회장은 될 수 없다.

당회는 목사의 성직권과 교인의 기본권을 대표하는 치리장로의 치리권을 동등하게 하여 서로 견제케 하는 조직이다. 헌법은 당회장 목사가 막강한 권한을 가지고 독주하게 되면 부패하기 쉬워 장로에게 목사와 동등한 치리권을 주어 상호 견제케 함으로써 교회가 부패하지 아니하고 건전하게 번영하도록 하였다. 따라서 목사없이 장로로만 당회가 모일 수 없다. 장로교 교리에서 목사와 치리장로는 사역상 동등하지만 목사가 받은 은사의 방면이 교훈하는 일이므로 아무래도 지도적인 사역을 맡게 된다. 그러나 이것은 계급적인 지위를 내포하지 않고 받은 은사대로 순종하는 봉사행위일 뿐이다.

당회는 교인의 신앙과 행위를 총찰하고, 교인의 입회와 퇴회에 관한 사무를 관리하며, 예배를 주관하고 성례를 관장하고, 장로와 집사를 임직하며, 각종 헌금 수집하는 일을 주관하며 각 항 헌금 수집의 날짜와 방법을 정하고, 권징을 시행하며, 각 기관을 감독하고 신앙적 유익을 도모하고, 노회에 총대를 파송하고 청원을 제출하며 교회의 정황을 보고하는 일을 직무로 한다. 당회를 기능적으로 활성화하기 위해 당회 안에 예배, 음악, 교육, 선교, 재정, 봉사, 새신자관리 등 특별위원회를 둘 수 있다. 이 때 위원회의 모든 사항은 당회에 보고되고 당회에서 심의하여 승인함으로써 효력이 발생한다.

교회에는 당회 외에 제직회와 공동의회가 있다. 제직회와 공동의회(congregational meeting)는 치리회가 아니라 회의모임이다. 공동의회와 제직회는 반드시 회의록을 작성하고 본회에서 채택하며, 목사가 결재한다.

제직회는 원래 빈핍한 자들을 구제하기 위한 집사들의 회의에서 유래된 것이다. 웨스트민스터교회정치 원본에도 집사의 존재 이유로 '가난한 자들에게 필요한 것을 분배하는 데 특별히 봉사한다'고 되어있다. 이것은 집사 뿐 아니라 제직회가 무엇보다 구제 문제를 담당해야 한다는 것을 가르쳐 준다. 그러나 현재 제직회는 이러한 정신이 결여된 채 당회에서 결정한 것을 추인하는 것으로 잘못 인도되고 있다. 현재 제직회는 당회원과 집사를 합하여 조직한다. 제직회는 본래 당회원과 안수집사로 구성하는 것이 원칙이다. 회장은 담임목사가 겸무하고 서기와 회계를 선정한다. 당회는 개교회 형편에 따라 제직회 사무를 원만하게 처리하기 위해 서리집사, 전도사, 권사 등에게 제직회의 권리를 줄 수 있다.

그러나 이것도 당회에서 결의해야 참석이 가능하다. 제직회는 공동의회에서 결정한 예산집행, 재정에 관한 수지예산 및 결산, 구제비 수입 및 지출, 특별헌금, 기타 중요한 사항을 의결한다.

공동의회는 무흠세례교인으로 구성되며 당회장이 한 주 전에 공고하고 소집한다. 공동의회에서는 예산과 결산, 직원선거, 목사청빙, 기타 당회가 중시하는 안건이나 상회가 지시하는 사항에 대해 의결한다. 연말 정기공동의회에서는 당회의 경과상황을 들으며 제직회와 부속 각 회의 보고와 교회 경비 결산과 예산서를 채용하며 그밖에 법대로 제출한 사건을 의결한다. 공동의회는 치리회는 아니지만 교회의 지도자인 목사를 택하고, 장로나 집사 등 직원을 택하며, 교회의 예산과 결산을 심의하여 통과받도록 되어 있어 매우 중요한 회의이다. 이것은 교인들에게도 주권이 있음을 인정하고 교인들의 결정이 아래에서 위로 올라가도록 하는 상향적(bottom-up) 조직원리를 택하고 있어 장로교회의 교회행정이 기본적으로 민주적임을 입증하고 있다.

노회

노회는 여러 지교회가 서로 협의하고 도와 교회 도리의 순전을 보전하고 권징을 동일하게 하며 신앙상 지식과 바른 도리를 합심하여 발휘하여 배도와 부도덕을 막기 위해 필요하다. 노회(presbytery)는 성경적으로 장로들의 회(presbuterion), 곧 장로들의 단체에서 유래된 것으로 이것은 장로회가 노회중심임을 가르쳐 준다.

노회는 입법, 사법, 행정 그리고 모든 정치원리의 중심이 된다. 당회는 입법기능이 없지만 노회는 입법기능을 행사한다는 점에서 차이가 있다. 노회는 개교회의 상회기구로서 개교회는 노회의 지교회나 다름이 없다.

노회는 일정한 지방 안에 모든 목사와 각 당회에서 총대로 파송한 장로들로 구성된다. 지역 안의 목사는 5인 이상이어야 노회를 조직할 수 있으며, 각 당회의 총대는 세례교인 2백명 미만이면 1인, 2백명에서 5백명 미만이면 2인, 5백명 이상이면 3인씩 파송한다. 노회는 일정한 지역을 원칙으로 하지만 우리 나라의 경우 민족적 분단으로 1952년 제38회 총회의 결의에 따라 지역이 없는 노회, 이른바 무지역노회가 조직되어 있다. 노회아래 시찰회를 둘 수 있다.

노회는 지교회를 육성하고 보호하는 데 목적이 있다. 따라서 노회는 지교회를 조직하거나 조직된 교회를 인준·승인하고 장로회 헌법에 따라 교회를 바르게 운영하도록 지휘·감독하며, 장로교회의 정치원리와 행정 및 사법의 원칙에 따라 교회가 성장하도록 한다. 교회에 위법적인 일과 불미스런 일이 발생할 때 화해를 원칙으로 하고 조정·심사·판결·처리한다.

노회는 지교회의 모든 상고와 불평과 문의 등을 받아들여 처리하고, 당회록을 검사하고 승인하며, 교리적인 문제와 교육훈련에 관한 문제에 답을 한다. 지교회를 조직하고 운영하며 통폐합은 물론 재산관리까지 한다. 노회는 지교회를 순방하여 상담하고 지도·편달한다. 노회는 지교회로 보낼 목사와 그 후보생을 관리한다. 노회는 강도사 및 전도사 인허, 목사의 임직과 이명과 별세, 후보생의 명부, 교회설립·분립·합병, 각 교회 정황과 처리한 일반사건을 매년 기록하여 상회에 보고한다. 헌법 개정 발의 및 수의를 하고, 총회에 총대를 파견한다.

대회

대회(synod)는 노회와 총회의 중간 모임으로 광범한 지역에서 시간적·공간적인 문제를 해소하기 위해 주로 지역별로 모인다. 대회는 한 지방 안 모든 노회를 관할하는 회로 각 노회에서 파송하는 총대목사와 장로들로 구성하며, 목사와 장로의 수를 같게 한다. 대회를 구성할 경우 3개 이상의 노회가 가입되어야 한다.

대회는 노회의 판결에 대한 공소 및 상고를 수리 처결하고, 모든 하회의 문의에 대해 결정지시권이 있다. 각 노회록을 검사·인준하고, 노회가 법규를 위반한 경우 교정하게 하고 교회헌법을 잘 준수하도록 한다. 노회를 설립·합병·분설하며 노회 구역을 변경하는 일을 할 수 있다. 교회의 건덕과 유익될 일을 각 교회에 권장하며 총회에 헌의할 수 있다. 대회는 지교회에 바로 치리권을 행사하지 못하며 노회의 승인이 있어야 한다. 대회 상황을 총회에 보고하며, 총회의 검사를 받는다.

총회

총회(general assembly)는 교단의 모든 지교회를 하나로 묶는 대표적 모임이자 장로회에서 가장 높은 치리기구이다. 이 총회아래 대회와 노회와 당회가 속해 있다. 이 최고회의 공식명칭은 대한예수교장로회 총회이다. 총회는 형제적 정신으로 교회를 돕기 위한 조직이다. 총회는 예루살렘 공회의 성격을 본받아 성령의 인도하심과 성경의 말씀대로 문제들을 해결해 나간다.

총회는 각 노회(대회)에서 파송한 목사와 장로로 조직하되 목사와 장로의 수를 같게 한다. 총회 총대로서 목사와 장로의 수를 같게 한 것은 교권주의를 막기 위한 것이다. 목사는 교역의 대표자로서, 장로는 회중의 대표자로서 상호견제하여 월권행위나 주장하는 자세를 막는다. 총대는 각 노회 지방의 매 7당회에서 목사 1인, 장로 1인씩 파송하되 노회가 투표선거하여 개회 2개월 전에 총회 서기에게 송달한다.

총회는 소속교회 및 치리회의 모든 사무와 그 연합관계를 총찰하며, 하회에서 합법적으로 제출하는 헌의·청원·상고·소원·고소·문의·위탁판결을 접수하여 처리하고, 각 하회록을 검열하여 지도하고 승인하고, 대회·노회·지교회의 교리적인 일과 헌법에 관한 모든 사항을 지휘·감독한다. 총회는 교단의 헌법을 해석할 전권이 있고 개정할 수 있다. 노회나 대회를 설립·분립·합병·폐지할 수 있고, 구역을 정하기도 한다. 강도사 지원자를 고시하며, 노회 재산문제를 지도하고, 교육과 선교사업을 주관할 위원을 두며, 목사양성을 위한 신학교와 대학교를 설립할 수 있다. 총회의 재산은 총회소유로 하며, 관하 각 교회 간에 서로 연락하고 교통하여 신뢰를 갖도록 하는 직무를 수행한다.

교회의 직책

직책의 구분

교회의 직책은 크게 항존직, 임시직, 그리고 준직원으로 나눈다.

항존직으로는 장로와 집사가 있다. 장로는 두 가지가 있다. 하나는 강도와 치리를 겸한 목사와 치리만 하는 장로이다. 항존직의 집사는 안수집사를 말한다. 일반적으로 집사는 안수집사를 뜻한다.

임시직으로는 전도사, 전도인, 권사, 서리집사가 있다. 전도사는 당회의 추천으로 노회가 고시하여 자격을 주며 유급교역자로 지교회의 사무를 돕는 데 비해 전도인은 유급사역자로 불신자에게 전도하는 일을 맡는다. 권사는 여신도 가운데 만 50세 이상된 입교인으로 공동의회에서 투표하여 3분의 2 이상의 찬성을 얻은 자로 당회의 지도아래 교인을 방문하되 병환자와 곤란을 당한 자와 연약한 교인을 돌보는 일을 한다. 권사제도는 우리 나라에만 있는 것으로 아직도 여성에게 안수집사나 장로직을 허용하지 않기 때문에 잠정적으로 생겨난 것이다. 미국 장로교회에서는 1930년부터 여장로제를 실시하였다. 서리집사는 당회가 신실한 남녀가운데 선정하여 1년 동안 집사직무를 수행케 하는 자를 말한다.

준직원으로는 강도사와 목사후보생이 있다. 강도사는 당회추천에 의해 총회고시로 노회에서 강도할 인허를 받고 그 지도대로 일하되 치리권은 없다. 목사후보생은 목사직을 희망하는 사람으로 노회에서 자격심사를 받고 그 지도대로 신학교에서 수양을 받는 신학생을 말한다. 준직원은 개인적으로는 당회관리 아래 있지만 직무상으로는 노회관리 아래 있다.

목사

목사는 노회의 안수로 임직을 받은 사람으로 복음을 전파하고 성례를 거행하며 교회를 치리하는 사람으로 교회에서 가장 중요한 직분이다. 목사는 다양한 명칭이 있다. 양무리를 먹이는 목자, 그리스도를 위해 봉사하는 종, 신약의 집사, 그리고 치리하고 가르치는 장로, 복된 소식을 전하는 전도인, 교회의 청지기 등이 그

것이다.

　목사는 신학교를 졸업하고 행실이 바르며 신앙이 깊고 가르침에 능한 사람이어야 한다. 특히 모든 행위가 복음에 적합하고 모든 일에 성결함을 나타내야 한다. 가정을 잘 다스리고 밖의 사람으로부터도 칭찬을 받는 자로 만 30세 이상이어야 한다. 단, 군목과 선교사는 만 27세 이상자로 한다.

　목사에는 위임목사, 임시목사, 부목사, 원로목사, 공로목사, 무임목사, 전도목사, 교단기관목사, 종군목사, 교육목사, 선교사 등 다양하다. 위임목사는 한 지교회의 청빙으로 노회의 위임을 받은 목사로 특별한 이유가 없으면 그 교회에서 종신토록 시무한다. 임시목사는 청빙을 받았지만 위임목사로 청빙을 받지 못한 상태를 말하며 1년의 시무기간이 지난 후 공동의회의 가결로 다시 시무를 연장한다. 부목사는 당회장 목사를 협동하고 보조하는 직분을 수행하며 매년 당회장이 노회에 청원하여 승락을 받는다는 점에서 임시직이다. 그렇다고 목사로서의 그의 직분이 임시직이란 말은 아니다. 중요한 것은 당회장 목사를 협동하고 보조하는 것과 충성하는 것은 다르다는 것이다. 부목사는 임금과 신하의 관계처럼 당회장에게 충성하는 것은 아니다. 때로 충성을 강요하는 당회장들도 없지 않지만 충성은 오직 주님께 하는 것이다(손병호, 1994, 201-202). 원로목사는 한 교회에서 20년 이상 시무한 목사가 만년에 이르러 시무사면을 할 때 명예로 주어지며, 공로목사는 목사가 25년 이상 목사로 목회하고 공로가 현저할 때 명예직으로 주어진다.

　목사는 당회장으로서 장로와 함께 치리권을 가지고, 공중예배와 성례전을 집례하며, 장로와 집사를 안수하여 세운다. 목사는 당회와 각종 교회 회의에서 결정권을 가지며, 교회를 대표한다.

목사는 당회에 소속된 것이 아니라 노회에 소속되어 있다. 즉, 목사는 개교회에 적을 두지 않고 노회에 두고 있다. 목사는 노회를 통해 지교회에 파송하고 위임된다. 목사는 당회장으로 개교회에 파송되고 위임되는 직분이지 교인이나 장로로 파송되고 위임되는 직분이 아니다. 목사는 장로로 뽑히는 직분이 될 수 없다. 목사의 설교권도 당회에서 목사에게 주어지는 것이 아니라 노회에서 주어진다. 따라서 목사의 사례비도 노회에서 조정하여 지급하는 것이 바람직하다.

그러나 개교회에서 목사의 사례비를 노회에 지불하는 체제가 구축되지 못해 사실상 개교회에서 사례비를 지급하고 있는 형편이다. 이것은 노회가 그만큼 활성화되어 있지 못하다는 것을 보여준다. 국가교회에서는 국가가 사례비를 종교세에서 지급한다. 이 경우 국민은 종교세 납부 의무를 지닌다.

장로

장로는 목사와 협력하여 교회를 치리하는 직분을 수행한다. 장로직은 신령한 직으로 강단에서 목사처럼 하나님의 말씀을 선포하거나 교훈할 책임은 가지고 있지 않지만 각 치리회에서 교인을 대표하여 목사와 같은 권한으로 각종 사무를 처리한다.

장로는 만 35세 이상된 남자 가운데 입교인으로 흠없이 5년을 경과하고 상당한 식견과 통솔력이 있는 자로 디모데전서 3장 1-7절에 해당한 자로 한다. 장로는 행정과 권징을 통해 교회의 문제를 총찰하고, 양무리가 도리의 오해나 도덕적으로 부패하지 않기 위해 노력해야 한다. 교우를 심방하여 위로하고 교인의 신앙을 살피고 위하여 기도한다. 특별히 심방할 사람을 목사에게 보고한다.

　장로직은 목사 및 집사와 함께 교회의 항존직으로 규정하고 있지만 장로는 한 사람이 영구적으로 장로직을 수행하는 직분이라기보다 계속적인 직분이다. 종신제를 택한 교회에서도 한 두 사람의 장로직의 종신적 봉사는 교회의 대의정치와 교회봉사 균등의 기회를 박탈한다는 이유로 임기제를 써서 보다 많은 사람이 교회에 봉사하도록 하고 있다. 현재 한국을 제외한 모든 나라에서는 임기제를 따라 봉사한다. 미국은 3년 임기제 원칙을 1884년부터 시행하고 있다. 대체로 3년 시무하고 1년 쉰 뒤 다시 시무하는 형식을 취한다. 장로직은 동시에 두 교회에서 직무를 수행할 수 없고, 개교회를 떠나 다른 교회로 가서 법적 권한을 가질 수 없다. 개교회를 옮기면 다시 교인으로 돌아간다. 장로는 성례를 집행하지 못하며 공적 예배의 주관권도 없다. 설교나 축도를 할 수 없다. 영국이나 미국 등 다른 나라에서는 공중예배 중에 기도도 하지 않는다.

　개혁교회가 장로회 체제를 되살려 교회의 체제를 재형성하면서 장로교회로 이름이 붙여지게 되었다. 미국에서는 1839년 총회에서 장로교회로 명명하였다. 장로교회는 장로 중심의 교회가 아니라 장로회 정치체제에 입각한 교회를 말한다. 장로교회는 교리나 신학적인 면에서 생긴 교회가 아니라 교회정치·행정·사법의 기구와 형태 과정에서 생긴 교회이다. 교회는 사람이 중심이 되는 것이 아니라 예수 그리스도가 중심이 되어야 한다. 목사든 장로든 그리스도를 섬기고 사람들에게 봉사해야 한다.

집사

집사는 교회의 항존직으로 목사 및 장로와 협력하여 가난하고 병든 자, 그리고 환난을 당한 자들을 돌보는 책임을 맡는다. 이를 위해 헌금하고 구제하고 봉사하는 직분이다. 집사는 당회의 감독 아래 교회에서 수금한 구제비와 일반재정을 수납하고 지출한다. 집사직은 교회 안에서 뿐 아니라 세상을 향한 교회의 의무를 수행하는 데 중요한 역할을 한다.

로마가톨릭교회나 감독교회에도 있는 집사직은 서열적인 개념이 강하다. 그러나 장로교회에서는 서열보다는 봉사직을 대표하는 직능개념으로 집사라는 말을 더 사용한다. 영국 쪽에서는 집사직을 보편적으로 사용하지 않고 전임사무원에게 집사 직함을 붙인다. 미국에서는 집사가 교회재산을 관리한다. 한국에서는 안수집사 외에 서리집사가 따로 있어 집사가 세계에서 제일 많다. 서리집사의 경우 교인들이 신앙생활을 좀 하려할 때 주는 직분처럼 인식되어 있고, 마치 계급같은 인상도 준다. 그래서 집사직이 남발되고 있다는 비판도 받고 있다.

안수집사는 장로와 같이 공동의회에서 선출하고 개교회에서 안수를 받지만 노회에 보고하거나 시취받는 일은 없다. 안수집사는 장로가 아니다. 집사는 디모데전서 3장 8-13절의 말씀과 같이 선한 명예와 진실한 믿음과 지혜와 분별력이 있어 존숭을 받고 행위가 복음에 합당하며 그 생활이 다른 사람의 모범이 되어야 한다.

성직의 평등

로마가톨릭교회는 성직 중에 계급의 차이를 인정하고 조제(deacon), 신부 또는 사제(priest), 주교 또는 감독(bishop), 교황으로 나누고 있다. 조제는 개신교의 집사에 해당하는 것으로 사제를 보조한다. 사제는 각 교회에서 설교, 기도, 성례를 맡아보고 사죄의 선언을 한다. 주교는 일정한 구역내의 교회와 신부를 관할하고 임직과 견신을 맡아보며 교구통치 임무를 수행한다. 교황은 로마가톨릭교회의 수장에 해당한다.

구약의 교회에서도 제사장의 위계가 있었다. 즉 레위인은 성전의 일을 맡아보고, 제사장은 그 위에 있어 제단에 희생을 드리는 임무를 맡았다. 또 대제사장은 제사장직의 대표로서 전체를 통괄하는 동시에 일 년에 한번 지성소에 들어가 제사를 집행했다.

신약시대의 교회는 구약시대의 교회와 큰 차이가 있다. 구약의 교회에서는 의식이 중심이었지만 신약의 교회에서는 예수 그리스도가 중심이다. 예수 그리스도의 십자가를 통하여 이 형식으로서의 구약제사가 폐기되었기 때문에 구약 교회가 가지고 있던 제사장의 위계성도 자연 폐기되었다. 신약의 교회에서는 성도 모두가 왕같은 제사장 역할을 수행한다. 따라서 구약 교회의 제사장 위계성을 신약 교회의 성직 제도 안에 가지고 들어오지 못한다. 그러므로 목사든 장로든 집사든 모든 성직은 평등하다.

장로회주의는 성직의 위계성을 부정한다. 특히 신약에 있어서 감독(episcopos)과 장로(pusbuteros)가 동의어로 사용된 사실이 이것의 당위성을 뒷받침하고 있다. 바울은 빌립보의 모든 성도들 그리고 감독과 집사들에게 편지를 보냈다. 이 말씀 안에 장로의 명칭은 없다. 하지만 빌립보 교회에 장로가 없었던 것은 아니다. 바울은 여기서 장로를 감독으로 부르고 있는 것이다. 그가 복수로 '감독들'이라 한 것이 이를 말해 준다. 만일 이 감독이 감독주의 정치의 상위 교직자란 의미라면 그가 '감독들', 곧 복수로

부른 것은 잘못이다. 한 교구에 치리권을 갖는 감독이 한 사람 밖에 없기 때문이다. 디모데전서에 언급된 감독의 자격이나 디도서에 언급된 장로의 자격 요건이 같고, 디도서에서는 감독과 장로가 엇갈려 쓰여져 사도적 교회에서는 감독과 장로가 같은 직무를 지칭하고 있음을 알 수 있다. 기능상 장로는 연령, 권위, 지혜에 관하여 말을 하고 감독은 신자들의 영적 지도라는 기능을 수행한다(김득룡, 297-299).

【 도움되는 말 또는 사례 】

* 장로가 해야 할 일

장로가 한 일은 당회장과 당회에 보고되어야 한다. 장로는 당회장 아래와 당회원으로서의 의무와 권리가 있다. 당회장 위에서의 장로의 일은 있을 수 없다. 장로는 당회장 목사의 지도를 받아 교회의 일을 해야지 그렇지 않으면 장로가 목사 위에서 월권을 하게 된다. 그리고 목사에게 보고도 없이 같은 장로들에게만 보고하는 것도 잘못된 일이다. 당회는 목사 없이는 결코 성립될 수 없는 교회회의이다. 장로들끼리만 주고받는 의논은 당회원의 의무와 책임을 위배하는 일이다(손병호, 1984:326).

* 잡기운동이냐, 말씀과 기도운동이냐?

목사님들을 모아놓고 훈련시키는 곳에서 나온 말을 들으니까 목사는 장로를 잡아야 된다고 합니다. 목사는 장로 잡는 사람입니다. 그런데 어느 도시를 가서 장로님 모임에 참석하여 들어 보니까 장로들은 목사를 잡아야 된다고 합니다. 모두 '잡기운동'입니다. 목사는 장로잡기, 장로는 목사잡기, 그것이 교회운동입니다. 참 딱한 일입니다. 교회는 예수님의 교회입니다. 우리는 예수님이 무엇을 원하시는지 그것을 찾으려고 해야 됩니다. 목사의 제일전문은 말씀과 기도입니다(김상복, 29).

【 생각해 볼 문제 】

1. 당회, 제직회, 그리고 공동의회는 어떻게 다른가?
2. 장로회는 노회중심이라는 말은 무슨 뜻인가? 노회가 교회의 가장 중추가 되는 이유를 밝혀라.
3. 당회와 노회는 어떻게 다른가? 노회가 하는 일은 무엇인가?
4. 목사와 장로의 차이는 무엇인가? 목사와 장로의 관계는 어떠해야 한다고 생각하는가?
5. 많은 사람들은 성직에 위계가 있다고 생각한다. 그것의 잘못된 점을 설명해 보라.

【 참고문헌 】

- 김득룡,「개혁파교회 정치신강」, (총신대학출판부, 1984).
- 김상복,「목회자의 리더십」, (엠마오, 1990).
- 대한예수교장로회총회교육부,「헌법」, (대한예수교장로회 총회출판부, 1993).
- 손병호,「교회정치학원론」, (양서각, 1984)
- 손병호,「목회경영학원론」, (엠마오, 1994).

8. 교회 기관 관리

교회기관관리

교회는 교회학교, 남녀전도회, 성가대 등 여러 기관을 가지고 있다. 성가대는 예배를 돕는 기관으로서, 교회학교는 교육기관으로서, 그리고 남녀전도회는 말씀을 실천하는 기관으로서 교회활동에 핵심적인 역할을 한다.

성가대

성가대는 성전에서 음악으로 예배를 돕던 레위인들의 전통을 이어받은 매우 중요한 기관이다. 성가대는 음악적 재능과 기교도 중요하지만 그것만이 모든 것이 아니다. 무엇보다 성가를 통해 하나님께 영광을 돌리고, 교인들에게는 그 영광을 보여주는 역할을 해야 한다. 어떤 작곡가가 유럽의 큰 교회를 방문했다. 마침 유명한 분이 피아노를 치고 있었다. 그 피아노곡의 장중함에 끌려 그에게 나아갔다. 그리곤 '당신에게 배우고 싶다'고 말했다. 그러자 그는 성가를 어떻게 생각하느냐고 물었다. 그는 자신의 음악적 재능이 얼마나 뛰어난가를 말해주고 싶어 열심히 자기를 소개하고, 선생의 음악적 기술을 배우고 싶다고 말했다. 선생은 성가는 '보이지 않는 하나님을 보이게 하는 것'이라고 말해주었다. 하나님을 보이고 싶어하는 마음이 없다면 좋은 연주가가 될 수 없고, 그 곡이 성가가 될 수 없다는 것이다.

성가대원이나 반주자 그리고 지휘자는 때로 자신들만이 가지고 있는 뛰어난 음악적 재기를 교인들에게 내보이고 싶은 유혹을 받는다. 이러한 유혹 앞에서 우리는 노래하는 자는 노래를 통해, 악기를 다루는 자는 그 음악을 통해 보이지 않는 하나님을 보이게 해야 한다는 사실을 명심해야 한다. 성가대는 신령과 진정으로 찬송하고, 관리되어야 한다. 다른 교인보다 노래를 잘하는 집단이 아니라 하나님을 진정으로 사랑하는 사람들이 성가로 하나님을 보여주고 싶은 열망으로 가득찬 집단이 되어야 한다.

나아가 성가대는 신앙생활로서도 모범이 되어야 한다. 아름답고 거룩한 성가 못지 않게 삶의 모습에서도 아름답고 거룩하게 나타나야 한다. 강단에서 성가대가 입는 가운은 그저 입는 것이 아니다. 삶의 전체가 거룩해야 함을 보여주는 것이다. 성가대는 결코 성가만 하는 집단이 아니다. 성가대는 총체적으로 보이지 않는 하나님을 보여줄 수 있어야 한다.

주일학교

주일학교는 영아부, 유아부, 유치부, 유·초등부에서 중고등부, 대학부, 청년부, 장년부에 이르기까지 모든 연령을 망라한다. 현재 주일학교는 새신자교육반, 성경대학, 신학연구반, 노인대학, 주부대학, 상담교실, 취미교실 등 다양한 모양으로 전개되고 있다.

하나님께서는 교회를 통하여 그의 백성을 새롭게 하시며 믿음을 자라게 하신다. 그러므로 모든 그리스도인은 교회 안에서 하나님의 말씀과 일치되는 삶을 살 때 하나님의 백성으로서 온전한 삶을 살 수 있다. 주일학교는 바로 이를 위해 존재한다.

주일학교는 무엇보다 재미있어야 한다. 그래야 빠지지 않고 다시 오고 싶은 마음이 생긴다. 윌로우 크릭 커뮤니티 교회(Willow Creek Community Church) 주일학교의 구호는 '재미(fun)'이다. 수천 명의 학생과 수백 명의 교사들이 함께 어우러지는 이 교회는 여러 과정을 통해 교회교육이 이루어진다. 우선 학생들의 재미를 높이기 위해 연극적 요소를 높이고 이 연극에 교사와 학생이 적극 참여하도록 한다. 프로그램에 앞서 사전모임(pre-session)을 갖는다. 이 모임은 창의적이고 즐거운 수업에 필요한 정보를 전달해주는 수업전 활동시간으로 놀이성이 높아 긴장감을 해소하면서 교육에 도움이 되는 아이디어를 주고 받는다. 주일학교 수업에 임함에 있어 친해지기를 연습한다. 서로의 이름을 익히고 편안함을 느끼게 한다. 주일학교 교육은 크게 대규모 그룹 활동과 소규모 그룹 활동으로 나뉜다. 대그룹 활동에서는 20분간 수업이 진행된다. 음악, 드라마, 간단한 설교 등 모든 노력이 집약적으로 동원된다. 이 시간의 주요 가르침이 소그룹 토의 주제가 된다. 소그룹 활동은 배운 내용을 생활에 적용케 하는 시간이다. 제시된 내용을 강화하는 것이 목적이다.

윌로우 크릭 교회 주일학교의 핵심가치는 창의성이다. 드라마, 인형극, 미술, 운동, 제작, 기획, 커리큘럼개발, 사진, 비디오, 친교, 의료 등 모두에서 창의성을 발휘하도록 한다. 주일학교는 리더로서 책임을 갖는 코치(coach), 교실에서 포인트가 되는 캡틴(captain), 캡틴보조교사(captain assistant), 행정담당, 학생헬퍼(helper)감독, 영아 및 유아를 돌보는 영아교사(care giver), 소그룹 리더 등 다양하게 구성되어 있다. 소그룹 리더는 안전하고 행복한 환경을 제공하고, 배운 내용을 적용하도록 격려하며, 토론의 주제나 수업과정을 통해 그룹내 어린이들과 의미있는 관계를 가진다.

교사는 무엇보다 주일학교를 위해 고민하는 교사가 되어야 한다. 학생들에게 무엇을 가르칠 것인가, 어떻게 하면 잘 가르칠 것인가, 어떻게 하면 주일학교가 발전할 것인가를 놓고 고민한다. 하나님은 고민하는 교사의 아름다움을 보시고 그에게 힘을 주고 그 교사를 통해 역사하신다. 인디애나와 일리노이주 접경에 있는 하몬드시 교회의 주일학교의 제인이라는 교사는 언제 어디서나 주일학교의 발전을 위해 고심하고 노력한 결과 주일학생만 3-4만 명에 이를 정도의 세계 최대 주일학교로 성장했다. 주일학생들이 너무 많아 시에서는 일반 학교를 주일학교로 쓰도록 허락했다. 교사 제인은 하나님께 좋은 아이디어를 달라고 기도했고 생각나는 대로 노트에 적어 실천한 결과 이렇게 부흥하게 되었다고 말한다. 그 아이디어 노트가 성경사이즈만큼 될 정도이다. 주일학생을 향한 교사의 사랑, 하나님을 향한 계속적인 기도, 그리고 주님의 계속적인 아이디어 공급이 주일학교를 성장시킬 수 있는 비결이다.

한국교회를 생각할 때마다 안타까운 것은 연령이 높아질수록 그 수가 줄어든다는 사실이다. 특히 교회의 미래를 짊어질 청년들이 교회를 떠나는 것은 매우 안타깝다. 청년의 때는 학교, 진학, 군입대, 취직, 이성교제, 결혼 등 끊임없는 변화의 과정에서 무엇을 선택할 것인가를 갈등하며 자기의 정체성을 확립하려 노력하는 매우 중요한 시기이다. 이러한 일들은 하나님을 의지하며 순종함으로 결단하면 문제가 없다. 그러나 청년들은 이러한 문제 앞에서 일생에 대한 염려와 욕망을 쉽게 떨쳐버리지 못하며, 사회환경은 세상과 타협하며 적당히 살도록 유혹한다. 이러한 유혹은 어른의 경우도 마찬가지다. 세상과 타협한 사람들은 신앙에 대한 회의와 죄책감으로 무거운 마음으로 지내다 결국 교회를 아주 떠나고 만다. 선택의 갈림길에서 방황하다가 넘어지고 마는 것이다(최성현, 1993).

교회와 멀어지는 원인은 선택의 기로에서 무엇이 하나님의 뜻인지 명료하지 않기 때문이다. 따라서 교회학교는 여러 차원에서 하나님의 말씀이 지금의 생활과 어떤 관계가 있으며, 어떻게 작용해야 하는지 명확하게 가르칠 필요가 있다. 교인들은 살아계신 하나님의 말씀이 그들의 삶과 무관하게 멀어져 있는 경우가 많다. 따라서 교사는 성경이 말하는 세계관과 삶의 방식을 가르쳐주고, 그리스도인으로서 어떻게 살아가야 바른 삶인가를 확인시켜 줄 필요가 있다. 지금의 공과공부는 성경지식을 심어주지만 그것이 생활과 연결되지는 못하고 있다. 그러므로 주일학교의 교육내용은 보다 실제적이어야 한다. 특히 성경적 세계관을 바르게 심어주어 확실한 분별력을 갖게 하며 말씀이 매일의 생활을 통해 훈련되도록 해야 한다. 이러한 훈련은 체계적이고 일관성있는 교육 훈련 프로그램을 요구한다.

교인들이 교회를 떠나는 원인 가운데 하나는 교회자체에 대한

회의 때문이다. 교회의 영광은 세상의 죄를 책망하며 그것을 하나님의 능력으로, 그리스도의 사랑으로 변화시키는 것이다. 그러나 오늘의 교회는 많이 세속화되어 있다. 진정으로 영광받아야 할 하나님이 영광을 받지 못하고 인간이 그 영광을 가로채고 있다. 권위주의적이고 전통만 강조하는 교회, 생활에 모범이 되지 못하는 인물들이 교회의 지도자로서 군림하고 있을 때 비판력이 강하고 양심이 예민한 교인들은 교회를 통해 아무런 은혜를 받을 수 없어 떠나게 된다. 그러므로 적어도 교회학교의 지도자와 교사들은 모든 면에서 하나님 앞에 바로 서야 하며 행동에서 항상 모범이 되어야 한다.

남녀전도회

한국교회의 성인들은 거의 모두 남녀전도회에 속해 있다고 말할 수 있을 만큼 그 규모도 크고 활동도 많다. 그러나 남녀전도회는 대부분 구제나 전도보다는 친목으로 일관된 모습으로 전락하고 있다. 남녀전도회는 일하기 위한 기관이다. 개인적으로 실천하기 어려운 일들을 여러 사람이 힘을 모아 하나님이 기뻐하시는 일을 성취하는 것이다.

남녀전도회에서 무엇보다 필요한 것은 봉사정신이다. 전도회는 단지 회원들 사이의 친교로 끝나서는 안된다. 친교도 중요하지만 그 친교가 교회와 사회의 발전으로 이어져야 한다. 이를 위해 전도회 회원들이 시간과 물질을 다른 사람과 함께 나누도록 해야 한다. 시간과 물질을 함께 드리되 시간이 없으면 물질을 더 드려 봉사하고, 물질이 없으면 시간을 드려 봉사하도록 한다. 우리 나라 초창기에는 날연보(day offering)라는 것이 있었다. 물질을 드릴 수 없는 교인은 주중에 하루를 교회에 드려 봉사하도록 하는 것이다. 남녀전도회의 단합된 힘이 하나님의 능력으로 나타나도록 힘써 기도하고 일을 추진해야 한다.

새신자 및 구역관리

교회는 기관 뿐 아니라 교회활동에 있어서 관리가 필요한 여러 영역이 있다. 새신자관리나 구역관리는 종래부터 관심을 가져온 분야로 교회관리에서 중요한 부분이다.

새신자관리

교회는 새로 믿기로 작정한 사람들을 위해서 기독교교리, 신학, 교회 및 신앙생활, 기독교인으로서의 삶의 방식 등 여러 차원에서 종합적으로 교육할 필요가 있다. 신앙인으로서 교회나 사회 그리고 가정을 위해서 해야 할 봉사가 무엇인지도 교육한다. 새신자교육은 무엇보다 중요하므로 여기에 투입되는 담당자는 교회에서 가장 유능한 지도자들로 구성되어야 한다.

교회에는 매주 새로 등록한 교인들이 많다. 그럼에도 불구하고 전체 출석 교인수는 항상 그 자리에 머물고 있다. 교인의 수가 늘지 않는 것에는 여러 이유가 있지만 그 가운데 특히 새신자관리 문제를 들 수 있다. 새신자는 일반신자와는 다르다. 교회에 대해 매우 서먹하며 분위기에 위압감을 가진다. 따라서 그들이 마음을 열고 교회를 다닐 수 있도록 주위의 세심한 배려가 필요하다. 성경교육과 더불어 신앙생활의 장점을 체득할 수 있도록 교육되어야 한다. 일반적으로 새신자에 대해 "교회의 집회에 빠지지 말고 나오셔야 합니다. 시간에 늦지 않게 나오셔서 기도로 준비해야 합니다. 처음 나오신 분도 교회의 여러 모임에 참석하여 신앙의 성장에 도움을 받으셔야 합니다" 등 '~을 해야 합니다'라는 말로 이어져 있다(박원섭, 1990). 교육을 시키는데 이러한 강압적인 방식보다는 교회가 강조점을 두는 생활과 사고방식이 왜 좋은가를 이해하고 공감하도록 만드는 것이 무엇보다 중요하다. 공감이 없는 무조건적 강요는 교회를 떠나게 하는 주요 원인이 된다.

교회는 또한 새신자들이 마음놓고 정착할 수 있는 활동을 전개할 필요가 있다. 구미교회에서는 새신자정착운동으로서 바나바운동을 전개하고 있다. 이것은 교회에 처음 발을 들여놓은 사람이 적응하지 못하고 주위에서 맴돌거나 교회를 다시 떠나는 사실에 주목하여 새신자들이 마음을 붙이고 정착할 수 있도록 만들어 주는 평신도 중심의 새가족 정착사역이다. 교회가 부흥하려면 전도·정착·양육이 잘 되어야 하는데 바나바운동은 이 가운데 정착을 위한 사역에 중점을 두어 새신자가 교회에 바르게 뿌리를 내릴 수 있도록 도와주는 것이다. 바나바운동은 새가족을 교육하고 훈련하는데 있지 않고 새로 들어온 사람이 바나바를 만나므로 짧은 시일 안에 교회에 친숙하게 하는데 목적을 두고 있다. 즉 새로 들어온 사람이 교육을 통해서 신앙이 자라도록 하는 데 있지 않고 교회에 친숙함을 느끼고 빨리 정착시키는 데 목적이 있다. 양육의 전단계인 셈이다.

바나바운동은 중보사역이다. 교회에 새로 들어온 사람과 이미 교회에 정착한 교인 사이를 연결하는 이 사역은 중보역할을 통해 바람직한 평신도상을 모색하고 평신도 모델을 창출한다. 즉, 바나바 사역은 교회에 새로 들어온 사람에게 초점을 맞추는 것보다 새가족을 만나 사역하는 바나바의 변화에 초점을 맞춘다. 따라서 이 운동은 프로그램이라기보다 신앙 안에서의 변화와 만남을 중시한다. 바나바 사역의 과정은 약 7주이다. 한 사람이 동시에 여러 사람을 맡아서 하지 않고 오직 한 사람의 새가족만을 위하여 사역한다. 새가족을 중심으로 관심과 사랑의 분위기로 바꾸는 것이다. 이 7주 동안 새가족으로 하여금 소속교회에 대한 사랑을 느끼고 소속감을 갖도록 안내한다.

지금까지 새신자 가족의 정착을 둘러싸고 문제가 많았다. 대개의 경우 그 짐은 목회자에게 지워졌다. 그러나 바나바운동은 그 짐의 일부를 평신도에게 할애함으로써 평신도로 하여금 일하게 하고, 아울러 교회성장에 평신도가 참여하도록 함으로써 교회가 평신도 중심으로 발전할 수 있는 길을 열어주고 있다. 이 운동은 미국 등지에서 평신도간 및 일반교회에 널리 퍼져 일반화되고 있으나 한국교회에서는 그리 알려지지 않고 있다. 우리나라에는 이 운동을 파급시키고자 하는 바나바교육원이 있다.

구역 및 교구관리

사회가 정보화 사회로 들어서면서 구역관리의 중요성이 더욱 높아지고 있다. 정보화 사회가 될수록 사람을 만나는 것보다 컴퓨터와 스크린 그리고 마우스에 익숙함으로써 생활은 자연히 사람과의 접촉에서 멀어지고 기계적 삶과 가까워지고 있다. 이런 삶은 사람을 소외시키고 삶의 의미를 퇴색시키는 문제를 안고 있다. 영적으로도 퇴보한다. 이런 문제를 해결하는 처방의 하나로 구역의 중요성이 보다 높아지고 있는 것이다.

구역은 무엇보다 공동체의 삶을 이끌어주는 교회의 핵이다. 교회의 조직이 구역으로 나뉘어지고, 큰 교회의 경우 3-4구역을 교구단위로 묶어 관리하기도 한다. 교구마다 교구목사를 배치하여 심방을 하고 교우들을 돕게 한다. 이처럼 구역이나 교구에 관심이 커지는 것은 매우 바람직한 것이다.

현재 한국교회는 구역을 중심으로 예배를 드리는데 이것은 새벽기도회와 함께 한국교회의 또 하나의 특색이다. 원래 구역모임은 존 웨슬레가 영국에서 조직한 것으로 감리교 선교사들이 한국에 처음 소개하였다. 1907년 전국적으로 있었던 회개와 부흥운동이후 사람들이 교회에 많이 모여들면서 구역의 조직화가 필요하게 되었다. 그 후 한국교회는 구역관리의 철저로 세계적 명성을 얻었다. 교회의 부흥은 구역관리에 있었다는 말을 들을 정도였다. 그 대표적인 교회로 여의도순복음교회를 들 수 있다.

구역은 교회의 울타리와 같다. 구역의 사람들이 구역의 사람들에게 그리스도의 사랑과 관심을 주게 될 때 교회는 안정적으로 발전할 수 있다(양창삼, 167). 구역에서 하나님의 나라의 맛을 보게 되는 것이다. 구역이 교회공동체로서 모범이 될 때 교회는 전체적으로 활성화된다. 그러나 구역에서 잘못된 사설을 교훈하거나 모여 다른 교인을 흉보거나 특정인의 힘을 키우는 사적인 조직으로 전락되지 않도록 주의해야 한다. 구역은 사람들이 모이는 조직이지만 하나님이 기뻐하시는 일 외에 그 어떤 일을 해서는 안되는 하나님의 조직이다. 구역에서는 규모없이 행동하는 자들을 말씀으로 권계하고 마음이 약한 사람들을 안위하고 힘이 없는 자들을 붙들어 주며 모든 사람에 대해 오래 참는 노력이 있어야 한다(살전 5:14).

기획관리, 멀티미디어관리, 사회봉사관리

교회갱생기획관리

교회는 교회가 새롭게 각성하고 발전할 수 있도록 기획하고 관리할 필요가 있다. 특히 교회가 2000년대를 위해 목적을 세우고 비전을 확립하며 프로그램을 구체적으로 세울 필요가 있다. 이를 위해 교회갱생을 위한 기획위원회가 구성되고, 이 시대에 하나님이 기뻐하시는 교회란 무엇이며 그 사명이 무엇인가를 연구하고 개교회의 존재의의를 밝히며 그것을 목회철학과 사역에 반영되도록 한다.

기획위원회는 2000년대의 교회비전을 이루기 위한 목적을 두고 프로그램과 사역에 중간목표를 구상하고 설정하여 실행에 옮긴다. 성공적인 교회는 자신들이 가진 달란트를 효율적으로 확장한다. 현재에 안일하게 안주하는 것은 교회가 할 일이 아니다.

교회갱신을 통해 교회가 활성화되도록 기획위원회와 교회 사이에 구체적이고도 지속적인 대화가 유지될 필요가 있다. 목회자나 기획위원회만 알고 일을 추진할 경우 저항에 부딪히게 된다. 계속적인 피드백과 평가작업을 통해 일이 보다 바람직하게 추진되도록 해야 한다. 교회갱신을 위한 전체 교인의 기도가 필요하다. 교회갱신은 교인의 무릎으로 가능하다(송천호, 219-221).

멀티미디어관리

정보화사회가 진척되면서 교회업무 관리가 대부분 전산화되고 교회의 교육이나 정보가 컴퓨터망을 통해 이뤄지고 있다. 교회 안에도 상당수 멀티미디어 시설로 장식되고 있다. 이러한 추세는 더욱 가속화될 것이며 많은 교인들이 교회 컴퓨터망과 연결된다.

이것은 앞으로 종래와 같은 교회관리가 아니라는 것을 의미한다.

교회는 멀티미디어부를 신설하고 이를 체계적으로 관리할 필요가 있다. 교회의 각 부서는 앞으로 재정관리는 물론 교육프로그램, 구역을 위한 각종 프로그램, 선교프로그램 등 다양한 소프트웨어 지원을 요청하게 된다. 나아가 각 부서가 필요한 소프트웨어 개발도 요구된다. 따라서 교회관리자는 누구보다 정보화되어 있어야 하며, 컴퓨터활용에 관한 실질적 지식과 경험을 갖고 있어야 한다.

사회봉사관리

교회는 말씀을 행동으로 실제화 함에 있어서 봉사하도록 교육해야 한다. 교인들이 봉사하지 않는다면 신앙이 성경의 진리에서 견고하게 자랄 수 없다. 안다는 것과 행한다는 것은 다르다. 우리가 말씀을 배우는 것은 행함을 위한 것이다. 행함이 없이 성경의 내용만 많이 안다고 해서 그리스도인이 되는 것은 아니다.

교회는 봉사와 교육의 조화 가운데서 믿음과 생활에 균형을 가져오도록 장기적인 안목으로 노력할 필요가 있다. 특히 사회봉사는 매우 중요한 부분이다. 사회봉사에 참여함으로써 바른 분별력을 갖고 세상의 비진리와 거짓된 삶으로부터 벗어날 수 있다.

봉사에 관련해서 주의해야 할 것은 아무리 봉사를 열심히 한다고 해도 말씀에 뿌리를 두지 않는 것이라면 문제가 있다는 것이다. 어떤 이는 봉사는 열심히 하는데 그것이 그리스도의 삶과 어떻게 연관되는지 알지 못하고 있다. 그것은 그리스도가 없는 봉사이다. 그리스도인의 봉사는 그리스도가 있는 봉사, 그리스도가 함께 하는 봉사이어야 한다.

【 도움되는 말 또는 사례 】

✽ 김영미 이야기

　유명한 성악가 소프라노 김영미씨는 어느 음악회에서 노래를 부르기로 했는데 그만 목이 막혀 전혀 부를 수 없게 되었다. 그 뒤 그녀는 목소리가 자기의 것이 아니라 하나님의 것이요 하나님께서 주시지 않으면 안된다는 것을 깨닫고 그 목소리를 하나님을 위해 사용하기로 결심했다고 한다.

　김의환 목사가 한 작은 교회에서 성가대원으로 활약하고 있던 그녀에게 자기 교회 대예배 때 특송해 주기를 청했다. 그러나 그녀는 정중히 거절했다. 그 거절에 놀랐지만 그 때 김영미씨는 이렇게 말했다. "제가 출석하는 교회는 목사님 교회와는 달리 아주 작은 교회입니다. 저는 그 교회 성가대원이고 성가대에서 저를 필요로 하고 있습니다. 그 성가대를 빠지고 제 목소리를 자랑하기 위해 큰 교회에 가지는 않겠습니다. 대예배만 빼고 밤예배나 부흥성회 때 부르시면 기꺼이 응하겠습니다."

【 생각해 볼 문제 】

1. 성가대가 총체적으로 보이지 않는 하나님을 보이게 해야 한다는 것은 무엇을 의미하는가?
2. 교회학교 담당자에게는 창의성이 중요하다. 소속된 교회에서 어떤 창의적 노력이 있었는가를 말해보라.
3. 바나바운동이란 무엇인가? 이것이 실용화되기 위해 어떤 준비와 노력이 있어야 한다고 생각하는가?
4. 구역이 교회의 울타리가 된다는 것은 무엇을 의미하는가? 구역에서 해야 할 일과 하지 말아야 할 일은 무엇인가?
5. 소속된 교회에서 사회봉사를 위해 어떤 노력이 있었는가? 어떤 문제점이 있었는지 말해보라.

【 참고문헌 】

- 박원섭, 「새신자가이드」(한국문서선교회, 1990).
- 송천호, '교회갱신 운영일정을 정한다,' 「목회와 신학」, 1994년 7월, 219-222쪽.
- 양창삼, 「교회경영학」(엠마오, 1996).
- 최성현, '청년은 왜 교회를 떠나는가,' 「기독교개혁신보」, 1993년 3월 15일.

9. 조정과 통제

조정과 통제의 개념

조정(coordination)과 통제(control)는 교회행정의 주요기능 가운데 하나이다. 이것은 앞서 언급한 계획, 조직 등과 밀접한 관계를 가지고 있다. 계획이 철저하고 조직화되어 있어야 조정과 통제도 잘되며, 조정과 통제가 잘되면 이어질 계획과 조직화가 더욱 수월하기 때문이다. 흔히 조정과 통제는 관리과정 가운데 가장 마지막 단계라고 말한다. 그러나 계획이나 조직화 단계에서도 조정과 통제 문제가 고려되어야 하기 때문에 순서가 중요한 것은 아니다.

조정과 통제는 교회가 세운 목표와 이를 달성하기 위한 구체적인 계획이 달성되었는가를 확인하고 그 업적을 측정하며 잘못되거나 수정이 필요한 경우 개선하기 위해 필요한 활동이다. 교회의 여러 자원이 목표달성을 위해 가장 효과적이고 능률적인 방법으로 쓰여지고 있는가를 체계적으로 확인하는 것은 매우 중요하다. 교회에서는 모든 일을 덕스럽게 해야 하지만 덕스러움만 강조하다가 일을 능률적으로나 효과적으로 하지 못하게 되는 것은 하나님의 것을 낭비하고 그의 일을 그르치는 것이므로 성경적이 아니다. 교회관리자는 계획목적에 알맞는 업적표준을 설정하고 정보의 피드백 시스템을 설계하여 실제적인 업적을 이미 정해진 표준과 비교하여 차이가 있는지를 수시로 확인하여 필요한 조치를 취하는 것이 바람직하다.

교회관리자는 교인들이 무엇을 바라고 있는가를 항시 염두에 두고 그것을 모니터하며, 교회 내외의 환경변화에 주목하여 교회가 세운 목표를 달성하는데 필요한 조치를 사전에 취해야 한다. 교회의 규모가 커지면 문제는 더욱 복잡해지므로 공식적인 통제시스템이 더욱 필요하게 된다. 보다 적절한 통제를 위해서는 교회 내에 평가부를 설치하는 것이 바람직하다. 이 평가부는 교회의 전반업무가 성경적이며 목표에 부합하는지에 초점을 두면서 세부사항을 점검한다.

통제의 종류

교회에서의 통제는 크게 피드포워드 통제(feedforward control), 동시 통제(concurrent control), 피드백 통제(feedback control) 등 세 가지로 나눌 수 있다. 피드백 통제는 종래부터 해온 통제방법이며, 피드포워드 및 동시 통제는 최근 그 중요성이 더욱 커지고 있다.

피드포워드 통제

피드포워드 통제는 행동이 일어나기 전에 발생할 수 있는 문제점들을 사전에 점검하는 것으로 사전통제(preliminary control), 예방통제(preventive control), 방향조정통제(steering control)라 부른다. 이 통제는 교회 내에 투입물로 들어오는 인적·물적·재무적 자원 등 자원에 초점을 둔다. 교회 각 기관이 과업을 수행할 때 일어나는 문제를 사전에 예방하기 위해 매우 높은 질의 투입을 보장함으로써 최대의 목적을 달성하기 위한 것이다. 이런 관점에서 보면 이 통제는 매우 조심성있는 것으로 예견적이며 미래지향적이어서 여러 통제유형중 가장 바람직한 것으로 간주되고 있다. 그러나 이 통제방법은 목표를 추진하기 전에 타이밍에 맞게 환경변화에 대한 정확한 정보를 얻을 수 있을 때만 가능하다는 단점이 있다.

동시 통제

동시 통제는 행동이 일어나는 과정에서 동시적으로 이루어진다는 점에서 즉시 통제(real-time control)이다. 이 유형은 결과적 산출물이 나오기 전 실제적인 시점에서 기관의 작업활동이 바라는 바 결과에 이르게 될 것인가를 확인하는 것을 말한다. 진행 중인 행동이 설정된 표준에 일치하고 있는가를 추적해야 하기 때문에 업적 목표가 설정되어 있어야 하며 구성원의 과업과 행동을 안내하는 규칙과 규정이 있어야 한다. 동시 통제는 목적과 규정에 따라 통제되며, 확실치 않을 경우 상급책임자의 승낙을 받아 다음 작업을 진행한다. 이런 점에서 동시 통제를 yes/no, 또는 go/no go 식의 통제라 한다. 또 프로그램을 계획하면서 수정적인(corrective) 행동을 취할 수단과 방법을 제공한다는 의미에서 가르기 통제(screening control)라 부른다. 동시 통제는 컴퓨터를 통해 교회 내외의 정보를 크게 활용하는 오늘날에 와서 다른 통제유형보다 더 각광을 받고 있다.

피드백 통제

피드백 통제는 피드포워드 통제와 상반된 것으로 행동이 완료된 다음, 곧 사후에 통제를 하는 것을 말한다. 따라서 이 통제를 사후행동통제(post-action control)라 한다. 또한 완료된 최종적 산출물, 곧 각 기관의 활동결과에 초점을 두기 때문에 산출물통제(output control)라고도 한다. 이 통제는 '소잃고 외양간 고친다'는 말처럼 사후적인 것이어서 실기한 유형이라는 비판을 받고 있다. 그러나 피드포워드 통제나 동시 통제에 필요한 신속한 정보와 정확한 정보를 충분히 얻을 수 없기 때문에 통제중에 가장 일반적인 것이 되고 있다. 하지만 이 통제는 교회관리자에게 계획화의 노력이 얼마나 효과적이었는가에 대한 의미있는 정보를 제공해 주며 앞으로 있을 계획에 관한 정보를 제공해 주는 효과가 있다. 그리고 이 통제는 구성원의 동기부여를 촉진시키는 장점이 있다. 사람들은 자신이 이룬 업적에 대해 알고 싶어하는 욕구를 가지고 있는데 피드백 통제는 이에 관한 정보를 제공해준다.

통제와 저항

사람들은 대부분 간섭을 싫어한다. 이같은 경향이 통제에서도 나타난다. 통제의 필요성을 인식하면서도 대부분의 구성원이나 기관은 통제를 싫어하고 부정적으로 보려한다. 통제라는 말이 나오기만 해도 자신의 행동을 조정할 힘을 갖고 있다는 생각을 한다. 자유를 구속당한다는 느낌이 들기 때문이다. 따라서 교회에서는 통제라는 말보다는 조정이라는 말을 선호하게 된다.

다음은 통제에 대해 저항하게 되는 원인을 보면 '너무 많은 분야에서 너무 깊이 통제하려 한다', '통제의 초점이 부적절하다', '책임감을 가지고 일을 능률적으로 발휘하지 못하게 한다', '융통성이 없다', '통제만 하려들고 상응하는 보상은 적다' 등 다양하다. 저항을 극복하거나 최소화하기 위해서 교회관리자는 통제시스템을 처음부터 계획시스템과 결부시켜 통제를 기정 사실화함으로써 앞으로 통제가 있게 될 것을 알게 하고, 통제시스템의 계획과 수행에 교인을 참여시키고 MBO를 도입하며, 통제의 초점을 결과에 두고, 통제의 지나침을 억제하여 균형을 잡도록 할 필요가 있다(Anthony & Herzlinger, 222-226).

조정 및 통제 원칙

쿤츠(H. Koontz) 등에 따르면 조정과 통제에는 다음과 같은 원칙들이 있다. 원칙은 항상 옳다는 것을 말하는 것이 아니라 제시된 원칙을 통제에 적용하면 효과를 거둘 수 있다는 것을 의미한다.

통제목표 확실성의 원칙
통제목표가 확실해야 한다. 통제목표가 확실할수록 계획으로부터의 차질을 알아내고 앞으로 있을 것으로 예상되는 차질을 바르게 교정할 수 있다.

미래지향적 통제원칙

통제는 미래지향적이어야 한다. 통제가 미래지향적일수록 교회관리자는 계획으로부터 바람직하지 않은 차질이 일어나기 전에, 그리고 그 같은 차질을 적시에 예방하는 조치를 취할 기회를 더 많이 가질 수 있다.

통제책임의 원칙

권한위임, 과업의 분담, 그리고 특정목표에 대한 책임이 개개 관리자에 있기 때문에 통제에 대한 주된 책임은 특정계획을 수행하려는 관리자에게 있다.

효율적 통제의 원칙

통제는 효율적으로 해야 한다. 다양한 통제의 기법과 접근방법을 사용하되 최저의 비용으로, 계획으로부터 차질의 원인과 본성을 발견하고 해명함으로써 능률을 기한다.

직접통제의 원칙

관리자의 자질이 높을수록 간접통제의 필요성이 적어진다. 유능한 관리자일수록 계획으로부터 차질을 잘 인지하고 그것을 예방하기 위해 적시에 적절한 조치를 취하기 위해 직접 통제한다.

계획반영의 원칙

통제에는 계획이 반영되어야 한다. 계획이 분명하고 완전하며 통합적일수록, 통제가 그 같은 계획을 반영하도록 설계되었을 때 효과가 크다.

조직안정성의 원칙

조직이 안정적일수록 통제가 수월하다. 조직구조가 통합적이고 안정적이며 활동에 대한 책임이 명확할수록 계획의 차질이 발생했을 때 쉽게 수정을 가할 수 있다.

통제방법 상이의 원칙

통제방법은 각자의 특성에 따라 활용되어야 한다. 각 통제의 기법과 정보가 성과를 높이는 쪽으로 활용되어야 하며, 이를 위해 관리자는 활용하는 통제방법을 이해하고 숙지할수록 효과적인 통제로 이어질 수 있다.

통제표준의 원칙

통제를 효과적으로 하기 위해서는 객관적이고 정확하며 적합한 통제기준이 있어야 한다. 성과비판의 표준은 성원들이 공정하고 합리적인 것으로 인식되어야 한다.

주요항목 통제의 원칙

개별 계획의 업적을 평가함에 있어서 결정적으로 중요한 사항에 대해 관심을 갖고 통제해야 효과적이다. 교회관리자가 중요한 부분에만 관심을 가지고 일상적이고 세세한 사항은 일임하는 것이 바람직하다.

예외통제의 원칙

교회관리자는 예외적인 것, 곧 윗 사람이 의사결정을 해야 할 만큼 중요한 것에 통제의 노력을 집중하면 통제의 결과가 더욱 효과적으로 나타난다. 교회경영자가 매우 중요한 차질, 특히 좋거나 나쁜 상황에 대해서만 관심을 가지는 것이 좋다.

통제융통성의 원칙

통제는 신축성이 있어야 한다. 계획이 실패하거나 예측하지 않았던 변화에 직면할 때 보다 효과적인 통제가 되기 위해서는 통제설계에 융통성이 있어야 한다.

행동의 원칙

통제는 행동이 뒤따라야 한다. 즉, 통제는 계획화, 조직화, 그리고 지휘 활동을 통해 수정될 때 정당화된다. 그렇지 않을 경우 통제에 시간을 낭비하게 되는 결과를 초래하게 된다.

교회의 주요 통제

재무통제

교회관리자는 교회 내의 재정상태를 나타내는 여러 재무제표를 분석함으로써 재무통제를 위한 기본적인 정보를 얻을 수 있다. 재무제표는 피드백에 의해 과거의 업적을 분석하고 현재의 문제영역을 분명히 하며 미래의 행동과정을 결정하는데 중요하다.

재무제표는 교회의 단기부채와 그것을 해결할 수 있는 능력을 측정할 수 있는 유동성비율(liquidity ratio), 대외재무를 효과적으로 사용했는가를 측정할 수 있는 레버리지 비율(leverage ratio) 등을 측정하는데 도움을 준다. 교회관리자는 교회가 소유하고 있는 재고자산, 유동자산, 고정자산 등 교회 내 자원이 어느 정도 효과적으로 이용되고 있는가를 알아보는 활동성 비율(activity ratio)에도 관심을 가져야 한다.

교회관리자는 재무전문가의 도움을 받아 재무감사를 해야 한다. 지금까지 교회의 재무감사는 영수증이 있는가, 계산은 맞는가, 예산에 맞게 사용되었는가 등 극히 단순한 감사에 지나지 않았다. 그러나 교회의 관리적인 재무감사는 재무를 통한 교회활동이 하나님의 뜻에 맞게 활용되었는지, 그리고 사회에 대한 교회의 기여도가 어떠했는지를 평가하는 등 보다 차원이 높은 통제가 되어야 한다. 최근 재무통제는 컴퓨터의 활용도가 높아지면서 실시간(real time) 통제가 이루어지고 있다.

인사통제

인사통제는 교직원에 대한 고용·보수·승진 등 여러 인사사항이 교회가 정한 정책에 따라 수행되었는지 따지는 것을 말한다. 교직원은 담임목사에서부터 부교역자, 사무원, 기타 기능직 직원 모두를 포함한다. 고용에 객관성이 결여되었거나 보수나 승진에 있어서 공정성이 있는지를 살펴본다. 교회직원은 믿음, 성품, 행실, 능력 모두에 있어서 결격사항이 없어야 한다.

인사통제의 객관성을 유지하기 위해서 무엇보다 필요한 것이 직무분석(job analysis)이다. 직무분석은 직무기술서와 직무명세서의 작성을 통해 능력있는 자격자가 선정되는 기준을 제공할 뿐 아니라 통제를 보다 가능하게 한다. 보수의 공정성을 위해서는 직무평가(job evaluation)를 할 필요가 있다. 직무평가를 하면 어려운 일을 하는 사람에게 더 많은 보수를 줄 수 있는 객관성을 확보하게 된다. 그리고 승진을 위해서는 업무에 대한 고과(performance appraisal)가 시행되어야 한다. 직무분석, 직무평가, 인사고과는 인사통제에 있어서 가장 중요한 기준이 된다.

운영통제

운영통제는 교회운영관리 전반에 있어서 예산, 시간, 안전과 안정, 양과 질 등에 관한 통제를 시행하는 것을 말한다. 운영통제에 있어서 무엇보다 비중이 있는 것은 예산통제이다. 예산은 교회의 모든 활동에 관계되며, 예산이 확보되지 않으면 일을 진척시킬 수 없기 때문이다. 교회의 예산은 통상 1년을 기간으로 하며 목회자를 비롯하여 교회 모든 계층의 동의를 받아 집행된다. 예산은 극단적인 경우를 제외하고는 바뀌지 않는다. 예산은 다른 통제기법과 마찬가지로 관리자로 하여금 지출, 목표 및 계획에 관하여 사전에 생각하도록 요구한다. 따라서 예산은 기획의 준비과정에서 구체적인 기간 내의 특정 활동을 지원하는데 요구되는 자원의 일회적 계획이자 계획이 수립되고 나면 결과적인 일회용 계획이 되고 이 기준에 의해 측정되는 통제 시스템의 한 부분이다. 따라서 예산 그 자체가 통제개념을 담고 있다.

예산은 관리자에게 계량적으로 무엇을 해야 하고 또 얼마만큼의 비용이 드는가를 보여줌으로써 목표를 설정하고 방향을 정하는데 도움을 준다. 예산은 진행정도가 측정될 수 있고 업적이 평가될 수 있는 통제점을 설정한다. 그리고 예산은 부서 및 부서간의 조직활동을 협조시키는 수단이 된다. 교회예산은 각 부서가 원가 및 경비를 중심으로 책임있게 세우고 활용되어야 한다. 통제의 중심도 예산이 과연 책임있게 운용되고 있는가에 초점을 맞추어 점검한다. 하나님의 것을 하나도 낭비없이, 오직 하나님의 일을 위해 효과적으로 활용하여야 하기 때문이다.

정보와 통제

조정과 통제에 있어서 중요한 역할을 하는 것이 정보이다. 정보화 사회가 진척되면서 교회는 각종 정보를 통해 통제할 수 있는 영역이 넓어지게 되었다. 따라서 교회는 관리에 필요한 정보를 얻고 관리하며 활용도를 높일 수 있는 경영정보시스템(MIS)의 확립이 절실하게 요청되고 있다. 교회경영정보에서 중시되는 것으로 재무 및 회계정보(FIS, AIS), 인사정보(PIS) 등이 있다.

경영정보시스템은 교회 내외의 정보를 적시에, 효과적으로, 그리고 능률적인 방법으로 수집·통합·비교·분석·배분하는 공식적인 시스템으로서 규칙적인 틀에 따라 필요한 정보를 관리자에게 제공함으로 의사결정을 촉진하고, 계획, 협조와 통제를 가능케 한다.

정보는 이처럼 중요하게 활용되기 때문에 업무와의 관련성(relevance), 완전성(completeness), 적시성(timeliness), 입증가능성(verifiability) 등이 있어야 한다. 관련성은 정보가 교회관리자에게 책임이 있는 문제, 의사결정 및 과업수행에 관계가 있어야 한다는 것을 의미한다. 완전성은 정보의 사실성, 실제성을 의미한다. 완전성을 가져오는데는 얼마만큼 적절한 양의 자료를 지니고 있는가도 중요하다. 너무 많은 정보는 정보의 과부하(overload)를 낳게 되고 너무 적은 정보는 바람직한 결론으로 유도하지 못하기 때문이다. 적시성은 정보가 사건이 일어난 바로

직후에 얼마만큼 이용가능한가의 정도를 의미한다. 이 때문에 컴퓨터의 적절한 활용이 요청된다. 입증가능성은 실재를 정확히 비추어 주는 정보의 정도를 말한다. 자료는 정확하고 신뢰성이 있어야 한다.

【 도움되는 말 또는 사례 】

* 교회에 대한 기독교윤리실천운동본부의 당부

기독교윤리실천운동본부는 기독교윤리실천운동을 전개하면서 교회에 다음과 같은 사항을 당부하였다.

1. 교회 내에 모든 사치와 낭비를 없애려고 노력하며 교우들에게 절제생활을 권면한다. 그리고 교회로 하여금 우리 사회의 불우한 이웃에 대하여 그리스도의 사랑을 나타내도록 힘쓴다.

2. 교회로 하여금 세법, 건축법, 자동차사업법 등 정당한 국가의 법에 저촉되는 일을 하지 않도록 하며, 주위 사회에 본보기가 되도록 애쓴다.

3. 교회에서 권징이 공정하게 이루어지도록 노력하고, 비도덕적인 수단을 통한 교세확장을 배격하며 비교육적인 무인가 신학교에 대한 물질적, 정신적 지원을 거부한다.

【 생각해 볼 문제 】

1. 피드포워드 통제, 동시 통제, 그리고 피드백 통제의 차이를 구체적으로 설명해보라.
2. 사람들은 왜 통제를 거부하는가? 이를 극복하기 위한 방법을 말해보라.
3. 효과적인 통제를 위해 어떤 원칙들이 적용되어야 하는지 말해보라.
4. 인사통제에 있어서 기본적으로 필요한 세 가지 사항은 무엇인가? 그것이 왜 중요하다고 생각하는가?
5. 정보가 통제에 유용성을 가져오기 위해서는 어떤 성격이 있어야 하는지 말해보라.

【 참고문헌 】

- Anthony, R.N. and Herzlinger, R.E., Management Control in Nonprofit Organizations(Irwin, 1975).
- Koontz, H., O'Donnell, C., and Weihrich, H., Essentials of Management(NY: McGraw-Hill, 1988).

10. 커뮤니케이션과 교회행정

교회행정에 있어서 커뮤니케이션에는 무엇보다 사람과 사람과의 커뮤니케이션을 중시한다. 그러나 최근 커뮤니케이션의 수단이 다양화되면서 교회에서 다뤄야 할 커뮤니케이션도 다양화되기 시작했다. 아래서 다뤄질 지도자와 커뮤니케이션은 사람과의 커뮤니케이션을 다룬 것이고, 주보나 각종 회의는 교회내 커뮤니케이션의 주요 도구에 속한다. 그리고 멀티미디어 및 전산화는 정보화사회가 가속화되면서 교회 내에 중요한 커뮤니케이션 수단으로 크게 자리를 잡아가고 있다.

지도자와 커뮤니케이션

맥아더(J. MacArthur)는 「거짓된 영적 지도자」에서 지도자가 다음의 사항이 결핍될 경우 커뮤니케이션 뿐 아니라 리더십도 발휘할 수 없다고 보았다(MacArthur, 14-38).

첫째는 권위(authority)의 결핍이다. 지도자일수록 권위를 추구하는 경향이 있다. 예수가 서기관들과 바리새인들이 모세의 자리에 앉았다고(마 23:2) 말씀하시는 것은 그들 속에 교만이 있었다는 것을 보여준다. 서기관들은 에스라 이후에 생긴 직분으로 교육과 법관의 직책을 함께 가지고 있었다. 그들은 유대교 최고의 권위인 모세의 권위에 자신들을 올려 놓음으로써 스스로 권위를 찾으려 했다. 진정한 권위란 자신을 모세의 권위에 올려놓는다고 해서 생기는 것은 아니다. 진정한 권위란 하나님의 말씀에 있다. 그 말씀을 몸소 실천하며 희생하여 본을 보일 때 얻어지는 것이다. 그러나 저들은 행함이 없었다. 따라서 진정한 권위를 가진 것이 아니다. 교회의 지도자는 자신이 어떤 지위를 확보하는 것에 관심을 가지기보다 말씀을 바르게 행함으로, 곧 하나님의 권위를 세울 때 교인들로부터 인정을 받을 수 있다는 것을 잊어서는 안된다.

둘째, 성실성(integrity)의 결핍이다. 서기관들과 바리새인들은 말과 행동이 다르고, 불성실함으로써 지도력을 잃었다. 백성들과도 커뮤니케이션에 괴리가 발생했다. 그들은 모세의 율법을 자세히 가르치기는 했지만 자신들은 행하지 않았다. 오히려 자신의 불합리한 행동을 합리화하는데 바빴다. 성실성이 없는 곳에 지도자에 대한 믿음이 자랄 수는 없다. 교회지도자는 무엇보다 진실함과 성실성이 있어야 한다. 그럴 때 신뢰감이 넘쳐 커뮤니케이션도 잘 된다.

셋째, 동정심(sympathy)의 결핍이다. 서기관과 바리새인들은 백성들에 대해 자비심이 없었다. 그들은 무거운 짐을 묶어 사람의 어깨에 지우면서도 자신은 손가락 하나도 움직이려 하지 않았다(마 23:4). 갖가지 까다로운 규례들을 만들어 백성들을 무자비하게 다루면서도 자신들은 예외적인 법을 만들어 의무를 피해갔다. 무겁게 짐을 지우고서도 자신마저 그 잔등에 올라타 더욱 괴롭히는 무자비한 마부처럼 행동했다. 그러나 예수님은 오히려 그들의 고통과 아픔을 이해하고 무거운 짐을 벗겨 주시며 자유하게 해주셨다. 교회 지도자는 교인들에게 짐을 지우는 것이 아니라 그리스도 안에서 그들의 멍에를 가볍고 편안하게 만들어주어야 한다.

넷째, 영성(spirituality)의 결핍이다. 서기관과 바리새인들은 영성이 부족했다. "그들의 모든 행위는 사람에게 보이고자 하나니 곧 그 경문 띠를 넓게 하며 옷술을 길게 하고"(마 23:5). 사람 앞에 그토록 잘 보이기 원하면서도 하나님 앞에는 바로 서지 못했다. 하나님 앞에 진실된 삶을 살려는 것이 아니라 겉만 보고 외모로 취하는 사람들만 의식하며 살았다. 바로 여기에서 외식과 허식이 시작된다. 그들은 하나님의 영광보다 세속적인 영광의 자리와 교권적인 영광의 자리를 추구함으로써 영성을 잃게 되었다. 교회지도자는 사람 앞에서보다 하나님 앞에 바로 설 때 좋은 지도자, 좋은 의사소통자가 될 수 있다.

끝으로 겸손(humility)의 결핍이다. 서기관과 바리새인들은 랍비라 칭함 받기를 좋아했다. 랍비(rabbi)란 원래 '나의 큰 자'라는 뜻을 가지고 있다. 이것이 나중에 '선생'이라는 뜻으로 사용되었다. 탈무드에 '일은 사랑하고 칭호는 미워하라'는 말이 있다. 그들은 이 뜻을 잘 알고 있으면서도 겸손하지 않았다. 진정으로 큰 자는 겸손한 자, 섬기는 자이다. 교회지도자가 겸손을 보일 때 커뮤니케이션이 달라진다.

주보와 커뮤니케이션

교인들은 매주 교회 안내위원들이 공손하게 나눠주는 주보를 받는다. 주보는 교회의 얼굴이자 교인들이 매주 교회로부터 받는 공식적인 커뮤니케이션 행위 가운데 하나이다. 따라서 다음과 같은 점에 유의할 필요가 있다(송기태, 126-127).

첫째, 정성스럽게 만들어져야 한다. 현재 대부분의 주보 역할은 예배순서 안내와 광고, 통계보고에 그치고 있다. 간직해야 할 만큼 중요한 정보가 들어있지 않기 때문에 금방 버려지고 있다. 일회용 주보로 그치고 있는 것이다. 주보다운 주보, 버려지지 않는 주보가 되기 위해서는 단순하게 예배순서지나 소식지로서 획일적으로 제작할 것이 아니라 전도용, 교육용으로까지 사용될 수 있도록 제작되어야 한다.

둘째, 주보는 모든 교인들이 대하는 것인만큼 교회공동체를 위한 것이어야 한다. 주보는 대부분 한 두 사람의 목회자에 의해 제작되고 있다. 이것은 전문성도 결여될 뿐 아니라 자칫 교인들의 무관심을 유발하기 쉽다. 따라서 한 두 사람이 만드는 주보가 아니라 여러 사람이 고루 참여하여 만드는 주보가 되어야 다양한 내용도 실을 수 있고 교인들의 관심도 끌 수 있다. 가능하다면 교회 안에 이 분야에 관심이 있는 전문인력을 활용하든지 델파이 방식으로 교회 밖의 전문가로부터 의견을 듣는 것도 바람직하다.

셋째, 교회건물 중심의 표지구성을 지양해야 한다. 교회 건물 사진이나 투시도를 사용한 교회가 대부분이다. 이것은 대외적 과시 외에 별로 의미가 없다. 다른 교회도 그렇게 하니까 우리도 그렇게 한다면 그것은 무책임한 일이다. 교회의 주보 하나라도 의미있게 고쳐나갈 때 교회공동체의 커뮤니케이션은 달라진다. 지극히 작은 것부터 고쳐나갈 때 한국교회는 달라질 수 있다.

회의와 커뮤니케이션

교회조직이 하향식구조로 되어 있다는 지적이 나왔음에도 불구하고 한국교회는 변화의 조짐을 보이지 않고 있다. 교회갱신을 위한 여러 세미나에서는 개교회구조가 목회자 중심으로 짜여져 있어 교인들의 참여가 어렵다는 지적과 함께 교회재정 공개 등 평신도의 참여를 유도하는 방안이 검토되어야 한다는 주장이 강하다.

교회갱신을 강조하는 학자들의 주장 안에는 전 교인의 자발적 참여가 공통적으로 들어있다. 교회운영이나 예·결산수립, 재정집행 그리고 선교목표수립 등에서 평신도가 소외되지 않아야 한다는 것이다. 그리고 이를 위해서는 교회운영에 따른 모든 사실이 공개·심의되어야 한다는 것을 전제하고 있다. 사회적으로 거의 대부분의 조직이 민주적인 형태로 전환되고 있는 시점에서 교회가 비민주적으로 운영된다는 것은 안될 뿐 아니라 비성경적이라는 것이다. 교회도 변화를 수용하고 개인중심의 운영을 지양해야 할 시점에 와있다.

이러한 지적에도 불구하고 한국교회가 전혀 반응을 보이지 않고 있는 데는 몇가지 이유가 있다.

첫째, 교회 전체 안에 팽배해 있는 교회소유의식이다. 교회가 설립된 이상 그 교회는 어느 개인의 것이 될 수 없다. 그것은 하나님의 것이며 하나님 나라에 등록된 공공소유물이다. 따라서 한국교회는 '하나님의 사업이기 때문에 힘이 들어도 참여해야 한다'는 성숙한 의식을 가져야 한다.

둘째, 교회운영에 대한 민주적 훈련이 되어있지 못하다는 점이다. 현재 교회 안에 구성되어 있는 공동의회는 제 구실을 다하지 못하고 있다. 특정사안이 없는 한 일년에 한 번, 그것도 연말에 소집되는 공동의회는 평신도의 발언권이 주어져 있음에도 불구하고 몇몇 인물만 발언한 채 폐회되는 것이 보통이다. 당회나 제직회에서 이미 결정된 내용들, 이를테면 예산이나 사업항목들을 공동의회에서 발표 내지 통고하는 식이다. 이것을 가리켜 분수식과 반대되는 샤워식이라 한다. 교회의 최고의결기관인 공동의회가 이처럼 통과의례적으로 운영되는 것은 문제가 아닐 수 없다.

따라서 최고의결기구를 원래대로 당회가 아닌 공동의회→제직회→당회 순으로 역전시켜야 토론의 효율성과 함께 전교인의 참여를 유도할 수 있다(윤영호, 1994).

나아가 전체 교인 가운데 평균 70%를 점하고 있는 여성들, 그리고 갖가지 교회행사와 각 기관에서 봉사활동을 하고 있는 청년들에 대한 의견수렴 과정도 짚고 넘어가야 할 항목이다. 여성에 대한 편견은 물론 청년들은 미숙하다는 인식이 교회행정에 그대로 반영되어 있다. 이 부분은 한국교회의 풍토가 아직도 기독교가 아닌 유교적임을 보여준다.

멀티미디어와 커뮤니케이션

지금은 인쇄된 문자를 읽는 행위가 주도적인 시대가 새로운 의사전달 수단의 등장으로 서서히 밀려가는 시대를 맞고 있다. 전화, 전신, 녹음기, 텔레비전 등의 전자매체가 컴퓨터와 접속되면서 정보전달의 양과 속도 그리고 영역 면에서 이전 시대와는 완연히 다른 변화를 가져오고 있다.

니그로폰티(N. Negroponte)에 따르면 디지털시대에 사회는 적어도 분권화(decentralizing), 지구화(globalizing), 조화(harmonizing), 임파워링(empowering)이라는 특색을 갖추게 될 것으로 보았다(Negroponte, 229). 멀티미디어가 날이 갈수록 교회커뮤니케이션에 중요한 위치를 차지하면서 교회의 성격도 바뀌고 있다. 멀티미디어가 교회의 커뮤니케이션에 주는 영향은 다음과 같다.

첫째, 일방성에서 쌍방향성(interaction)으로의 변화이다. 문자시대와 공중파 텔레비전 시대의 커뮤니케이션 형태는 일방적이었다. 그러나 멀티미디어 시대의 의사전달은 일방성으로부터 벗어나 쌍방향성을 띠고 있다. 이러한 쌍방향성은 교회커뮤니케이션에도 혁명을 가져와 일방성에서 쌍방향성으로 전환되고 있다.

지금까지 교회는 일방적 의사전달 형태를 취해왔다. 예배를 드리는 주체는 분명히 성도들인데 모든 의식행위는 소수의 구별된 사람들에 의해 조정되었다. 그러나 앞으로는 이렇듯 일방적으로 기획된 프로그램에 의해 기계적으로 참예하는 일은 축소되고 보다 대화적 커뮤니케이션으로 확대될 것으로 보인다. 특히 인터넷을 통한 커뮤니케이션은 쌍방향의 속도를 가속화시키고 있다. 쌍방향적 의사전달의 멀티미디어 기술을 이끌어낸 정신은 일방적인 카리스마적 지배와 조정이 일반화되고 있는 교회에 대하여 근본적인 변혁을 요청하게 될 것이다(최인식, 76, 78, 82).

멀티미디어가 교회의 일방적이며 이론에 머물렀던 신앙과 교육의 굳은 땅을 적시는 단비가 되느냐, 교회를 전인격적인 신앙과 교육환경으로 변혁시키는 하나님의 은총의 도구가 되느냐 하는 것은 교회지도자에 달려있다. 교회가 얼마든지 쌍방향적 대화의 문화를 창조할 수 있음에도 불구하고 일방적으로 한 쪽에서만 지배하는 매체를 고집할 경우 교회는 개혁을 거부하고 과거로 회귀하고자 하는 것과 다름이 없다.

둘째, 지구촌화시켜 교회의 지구적 참여도를 높여준다. 다매체 환경은 개인 뿐 아니라 집단, 조직들로 하여금 시공을 초월하여 서로 정보를 전달할 수 있도록 만들고 있다. 이것은 지구를 하나의 촌으로 묶는 효과를 가져온다. 이러한 변화는 교회로 하여금 세계속의 주체로서 활동할 수 있는 기회를 제공해 준다. 앞으로 교회는 인터넷이나 정보고속도로망 등 보이지 않는 사이버 영역에서 영적인 활동을 지구적으로 전개해 나갈 책임이 주어져 있다.

셋째, 멀티미디어 시대가 송신자 중심에서 사용자 중심으로 바뀌듯 교회도 교인 중심으로 바뀐다. 기존 미디어에 수동적으로 노출되던 수용자 개념이 사용자 또는 애용자 개념으로 바뀌어 능동적으로 필요한 정보를 추구하듯 교회도 새로운 개념의 수용자가 형성된다.

멀티미디어 시대에는 기존의 미디어보다 정보의 양이나 채널이 크게 늘어나면서 수용자의 미디어 접촉방식이 달라진다. 송신자 중심에서 사용자 중심으로 바뀌면서 선택성을 확대시키고 있다. 단순한 수용자보다 미디어 사용자 개념으로 바뀐다. 이것은 이질, 익명, 대중을 상대로 보내는 방송(broadcasting)에서 소수의 특정계층을 대상으로 협송(narrowcasting)하는 시스템으로 전환을 의미한다. 협송시스템에서는 개별사용자가 중시된다. 위성방송으로 다채널시대에 돌입하면서 그 변화의 속도는 더욱 빨라진다. 이것은 개별교회가 사용하고 있는 사이버공간이나 채널을 이용하는 개별사용자들의 신앙적 문제에 교회가 정보를 제공하고 서비스를 제공한다는 점에서 중요하다. 이를 위해 멀티미디어의 언어는 지식의 언어가 아니라 가슴의 언어(heart language)이어야 하며, 분석적이기보다 감동적이어야 한다. 그래야 적극적 사용자가 된다.

넷째, 미디어 산업간의 첨예한 경쟁을 하게 되듯 교회도 첨예한 경쟁시대로 돌입하게 된다. 새로운 미디어기술은 새로운 미디어산업을 창출한다. 특히 미디어산업과 직접 관련이 없던 각종 정보서비스 산업들이 새로운 미디어산업에 진출하면서 미디어시장의 경쟁을 부추기는 역할을 한다. 교회는 미디어산업과 직접 관계되지는 않지만 그 산업의 중요한 이용자라는 점에서, 그리고 각 교회가 세계적 통신망에 접속되어 있다는 점에서 이미 경쟁적 환경에 처해 있다. 따라서 교회는 앞으로 지역적으로 경쟁하는 차원을 뛰어넘어 지구적으로 경쟁하게 된다. 보다 내용이 있는 정보로 알찬 영적 망을 형성할 수 있는 교회가 크게 성장하게 된다.

기독교적 가치를 바탕으로 커뮤니케이션 및 개발에 종사하는 기관이나 단체 그리고 개인을 회원으로 하고 있는 세계 기독교 커뮤니케이션 협의회(WACC)는 1986년 커뮤니케이션에 대한 기독교적 원칙을 내놓았다. 그 선언에 따르면 커뮤니케이션은 하나님께서 인간에게 내리신 위대한 선물이다. 따라서 이것을 하나님 나라의 중심가치인 하나됨, 화해, 평등, 자유, 정의, 평화, 사랑을 구현하는데 활용되어야 한다고 밝히고 있다. 이 선언은 결론에서 커뮤니케이션은 사랑과 나눔의 공동체를 구현하는 과정으로서 교회가 중심이 되어야 한다고 밝히고 있다. 비록 멀티미디어에 대한 부정적 견해도 있지만 커뮤니케이션을 보다 다양하게 이루는 멀티미디어를 교회가 적극 수용할 때 사랑과 나눔의 공동체를 구현할 수 있다는 것이다(조성호, 41).

전산화와 커뮤니케이션

교회행정 책임자가 컴퓨터를 활용하지 못하면 멀티미디어에 대한 이해와 급속하게 변하는 정보화시대의 변화에 관심을 갖기 어렵고, 목회행정 전반에 대한 효율적인 운영이 어려워진다. 따라서 멀티미디어 시대에 적극 대응하는 교회가 되기 위해서는 목회자 자신이 컴퓨터를 도입 적극 활용해야 한다.

현재 개교회의 전산화는 그런대로 진행되고 있지만 이것을 능률적으로 이용하고 있다고 판단할 상태는 아직 아니다. 교적과 재정에 관한 여러 프로그램들이 나와 있고, 적지 않은 예산을 투입했지만 기대되는 효과를 얻지 못하고 있다. 교역자나 교직원 모두 컴퓨터를 다루지 못하고 있다는 것이 하나의 장애이기도 하다.

개교회 뿐 아니라 총회적인 전산화가 요청되고 있다. 현재 총회 각 부서는 물론 각 노회와 개교회에서 컴퓨터에 대한 관심이 높고 개별적으로 전산화작업이 진행되고 있기는 해도 총회차원에서 이를 조정하고 지원할 체계가 갖추어 있지 않다. 총회는 총회의 각 부서와 노회, 개교회의 전산화에 대한 정책을 입안하고 조정하는 역할을 해야 하며, 교회용 소프트웨어의 개발과 보급, 그리고 각종 통신망을 통한 네트워크를 구성할 필요가 있다(유경재, 115-116). 이런 체제가 완비되면 교회의 커뮤니케이션은 크게 달라진다.

【 도움되는 말 또는 사례 】

* 델파이 기법

미래의 불확실한 상황을 예측하거나 과거에 참고할 만한 자료가 없을 때 도입하는 인문사회과학분야의 분석기법 중 하나이다. 전문가들의 견해를 물어 대체적 윤곽을 알아봄으로써 종합적 상황을 파악할 때 유리하다.

델파이의 어원은 아폴로신전이 있던 고대 그리스의 도시 델포이(Delphoe)로 신 앞에서 예언가들이 모여 미래의 방향을 점치던 것에서 유래했다.

이 기법은 전문가선정, 개략적 질문방향결정, 1차설문, 설문결과에 따른 질문방향의 조정, 2차설문, 자료분석, 결론도출의 순서로 진행된다. 필요하면 3회 이상의 설문까지 가는 경우도 있다.

* 세계 기독교 커뮤니케이션 협의회(WACC)가 선언한 이 시대에 커뮤니케이션이 지향해야 할 본질

- 커뮤니케이션은 공동체를 창조한다. 인종, 성, 계급, 국가, 권력, 부, 종교적 편견 같은 분열과 소외의 장애물을 제거하고 진정한 공동체와 공동체 정신을 북돋아야 한다.

- 커뮤니케이션은 참여적이다. 커뮤니케이션은 기본적인 인권으로, 사람들이 그 주체가 되어야 하며 상호작용하는 쌍방향의 과정으로 삶의 영역들을 민주화시키는 것이다.

- 커뮤니케이션은 인간을 해방시킨다. 해방적 커뮤니케이션은 보다 정의롭고 평등하며 인권의 실현에 기여하는 사회구조를 구현한다.

- 커뮤니케이션은 문화를 지원하고 발전시킨다. 민족의 바탕이 되는 문화적 정체성은 인간 존엄성의 일부이므로, 문화와 언어, 종교, 성, 연령, 인종, 또는 종족의 특성들이 언제나 존중되어야 한다.

- 커뮤니케이션은 예언자적인 것이다. 예언적 커뮤니케이션은 말과 행동으로 스스로를 표현하고, 진리에 봉사하며 허위에 도전한다.

【 생각해 볼 문제 】

1. 지도자가 커뮤니케이션을 효율적으로 하기 위해 갖춰야 할 요건들은 무엇인가?
2. 귀 교회의 주보가 보다 나은 커뮤니케이션 도구가 되기 위해서는 무엇이 변해야 한다고 생각하는가?
3. 교회에서 가지는 여러 회의 가운데 개선되어야 할 점이 있다면 무엇이라고 생각하는가?
4. 멀티미디어 시대에 교회가 추구해야 할 커뮤니케이션 철학은 무엇인가?

【 참고문헌 】

- 유경재, "멀티미디어 시대의 목회," 「멀티미디어 시대의 교회」 (대한성서공회, 1995), 101-117쪽.
- 윤영호, "교회 의사 진행 전교인 참여 아쉽다," 「기독교연합신문」, 1994년 5월 1일.
- 조성호, "WACC의 활동과 커뮤니케이션 선교정책," 「기독교사상」, 1993년 5월호.
- 최인식, '멀티미디어와 교회변혁,' 「멀티미디어 시대의 교회」 (대한성서공회, 1995), 63-97쪽.
- Negroponte, N., Being Digital(NY: Alfred A. Knopf, 1995).
- MacArthur, Jr., J., Exposing False Spiritual Leaders (IL: Moody Press, 1986).

11. 인간관계

인간관계의 개념

　교회생활은 물론 교회행정의 상당부분은 인간관계가 차지하고 있다. 사람들은 태어나면서부터 인간관계를 맺어오고 있음에도 불구하고 대부분 좋은 인간관계를 맺기 어렵다고 말한다. 어렵다고 해서 그 관계를 피할 수 있는 것도 아니다. 인간을 가리켜 사회적 동물이라고 말하는 것은 어느 누구도 다른 사람과 관계를 피하여 살 수 없음을 말해준다. 인간(人間)이라는 한자도 '사람과 사람 사이'를 가리키고 있음을 볼 때 인간 그 자체는 인간관계의 삶을 살지 않으면 안된다는 것을 알 수 있다.
　그리스도인의 삶에서 인간관계는 매우 중요하다. 구름은 흰색을 띠고 있다. 구름은 원래 흰색이 아니다. 그러나 그것이 흰색으로 보이는 것은 구름과 빛의 '관계' 때문이다. 구름이 빛을 받기 때문에 우리 눈에 흰 색으로 보이는 것이다. 교회 안에서 그리스도인의 인간관계가 어떠한가에 따라 우리의 관계가 흰 색을 띨 수도 있고 검은 색을 띨 수도 있다. 흰 색을 띨 경우 인생을 아름답게 느낄 수 있지만 검은 색을 띨 경우 삶이 힘들게 느껴지게 된다.

우리 나라 말 가운데 사람(man), 삶(life), 사랑(love)은 원래 몽고어 '살'(sal)에서 나온 말이다. 이 단어들은 서로 독립된 것이 아니라 서로 연결된 것임을 알 수 있다. 사람은 살아있어야 하고, 살아있는 사람은 사랑의 관계를 이뤄야 한다. 생명적 관계, 사랑의 관계가 없다면 인간의 관계가 아니다. 사람은 사랑의 관계를 맺어야 살아있음을 느낄 수 있다. 이것은 사랑이 인간관계의 요체이고, 우리 안에 사랑이 있어야 살맛이 난다는 것을 의미한다.

그리스도인의 인간관계

그리스도인은 두 가지 관계에 관심을 가져야 한다. 하나는 하나님과의 관계요 다른 하나는 이웃과의 관계이다.

그리스도인은 무엇보다 하나님과의 관계가 바로 서야 한다. 하나님은 우리에게 '온 마음과 뜻과 정성을 다해 하나님을 사랑하라' 하셨다. 그리스도인의 인간관계는 하나님과의 관계에서 비롯된다. 하나님과의 관계가 바로 서야 인간관계가 바로 설 수 있기 때문이다. 따라서 하나님과의 관계는 모든 관계의 바탕이 된다는 것을 알 수 있다. 부버(M. Buber)의 '나와 당신'(I and Thou)은 우리의 관계가 하나님과의 인격적 관계에서 비롯된다는 것을 보여준다. '온 마음과 뜻과 정성'의 관계는 하나님과 우리의 관계가 인격적이어야 함을 말해준다.

나아가 이웃과의 관계가 바로 서야 한다. 하나님은 '네 이웃을 네 몸과 같이 사랑하라' 하셨다. '네 몸과 같이'라는 것은 나의 몸과 이웃의 몸을 구별시키지 말고 한 몸처럼 생각하라는 것이다. 이것은 '온 마음과 뜻과 정성으로'라는 말과 같은 의미를 가지고 있다. 이웃과 내가 그리스도 안에서 하나되어야 하는 것이다. 성도의 교제(koinonia)는 바로 이같은 정신이 반영된 것이다. 그리스도인의 인간관계는 단지 단순히 사이좋게 지내는 것만 의미하지 않는다. 이웃과의 바른 삶을 통해 하나님 나라의 삶을 구현하는 것이다. 따라서 우리의 인간관계의 목표는 천국시민의 삶에 있음을 알 수 있다. 천국시민으로서 의식이 깊어지면 자연 남을 생각하게 되고 나눔의 삶을 살게 된다(양창삼, 1996).

인간관계의 문제점

인간관계는 왜 어려운가? 그 문제의 원인은 다양하다. 그 가운데 몇 가지를 살펴보면 다음과 같다.

욕심

욕심이 인간관계를 해친다. 특히 이기심, 자기중심적 사고가 인간관계를 깨뜨린다. 예수님은 '자기를 부인하라' 하셨다. 자기부정의 삶을 살라 하신 것이다. 주님은 제자에게도 이러한 삶을 살도록 가르치셨다. 자기부정의 삶은 남의 행복을 생각해줄 수 있는 사랑의 삶을 가리킨다. 이러한 가르침은 최대 다수의 최대 행복의 공리주의로도 나타나고, 이웃의 행복을 적극적으로 보장하는 헌법의 행복추구권으로도 나타났다. 하버드 대학에서는 학생들에게 관계적 사고를 키우도록 한다. 관계적 사고란 나로 인해 다른 사람이 불편하게 된 점이 없는지를 살피도록 하는 것을 말한다. 감성지수(EQ)를 높이려는 것도 이러한 흐름과 맥을 같이 한다. 좁은 교회 주차장에 차를 주차했을 경우 남에게 방해되지 않도록 신경을 쓰는 것도 관계적 사고의 하나다. 관계적 사고는 자기를 비우는 태도를 길러준다.

교만

교만은 상대를 무시하거나 부정한다는 점에서 인간관계를 크게 해친다. 우월감은 속이 빈 감이라고 말한다. 그렇지도 못한 사람이 그런 척하기 때문이다. 하나님은 인간의 교만을 제일 싫어하신다. 교만하게 되면 하나님까지 무시하게 되기 때문이다. 흔히 이단의 주도자들이 예수님을 무시하는 발언을 서슴지 않는 것은 그 안에 교만이 넘치고 있다는 것을 보여준다. 교만하면 상대방의 인격을 무시하게 된다. 따라서 그리스도인은 비인격적 언사를 사용해서는 안된다. 심지어 자식에게까지 '너를 낳고 미역국 먹은 것이 아깝다', '너는 더 이상 내 자식이 아니다. 다시는 집에 들어올 생각을 하지 말라'는 등 상대를 부정적으로 보고 그를 비하시키는 것은 그리스도인이 사용할 언사가 아니다.

자기비하

교만도 문제지만 자기비하도 문제이다. 자아에 대한 확신감, 자신감을 상실하고 열등감에 빠져 남 앞에 서거나 남과 얘기하기도 꺼리는 것은 문제다. 자기비하는 매사에 소극적으로 만든다. 열등감을 푹 썩은 감으로 비유하는 것은 이 때문이다. 자기비하는 주로 남의 말에 상처를 받은데서 연유한다. 우리는 여기서 비판과 비난을 구분할 줄 알아야 한다. 비판은 옳고 그름을 밝히는 이성적 판단을 가리키며, 비난은 감정이 섞인 언사를 가리킨다. 우리는 비판을 비난으로 받아들이고 움츠러드는 성향이 있다. 그러나 우리는 건전한 비판인 경우 과감히 받아들이고, 감정적 비난은 무시하는 것이 좋다.

문제의 축적

사람들은 인간관계의 문제는 아주 큰 문제가 갑자기 발생했기 때문이라고 생각한다. 그러나 대부분의 경우 작은 문제가 쌓이고 쌓여 어느 시점에서 폭발하게 되며 결국 인간관계가 나빠지게 된다. 데이비스(J.C. Davies)의 J curve는 좌절, 갈등이 축적하여 참을 수 없는 정도에 이르면 어느 순간 폭발하게 된다는 것을 보여준다. 혁명도 마찬가지다(Davies, 4-19). 작은 일도 쌓이면 무서운 결과를 초래한다. 따라서 작은 일이라 할지라도 세심하게 배려하여 해결하는 태도가 필요하다.

인간관계 향상을 위한 기본적 태도

열린 마음과 열린 태도

좋은 인간관계를 가지기 위해서는 열린 마음과 태도를 가질 필요가 있다. 시카고의 레바플레이스 공동체는 '열려있다(open)'는 것의 의미를 세 가지로 말하였다. 첫째는 가까이하기, 둘째는 알리기, 셋째는 장애물(벽) 없애기이다. 이것은 사랑을 하면 이처럼 달라진다는 것을 보여준다.

인간관계에서 특히 중요한 것은 남의 마음이 열리기를 기다리기보다 내가 먼저 마음을 여는 태도이다. 사람들은 흔히 '목사님이 왜 찾아오지 않을까, 관심이 없는가, 자식들이 왜 부모에게 무관심한가' 하며 불만과 불평으로 나날을 보내기 일쑤다. 불평과 불만을 하기보다 오히려 내가 먼저 마음을 열고 상대를 찾아가는 것이 바람직하다. 우리는 '무엇이든지 남에게 대접을 받고자 하는 대로 너희도 남을 대접하라'(마 7:12)는 주님의 황금률(golden rule)을 기억할 필요가 있다. 공자, 플라톤, 아리스토텔레스는 '내가 당하기 싫은 일은 남에게도 하지 말라' 하였다. 이것을 가리켜 은백률(silver rule)이라 한다. 황금률과 은백률의 내용은 근본적으로 같다. 그러나 그 차이는 긍정적이냐 부정적이냐에 있다. 같은 말이라 해도 '어'와 '아'가 다르듯이 인간관계에서도 긍정적인 것과 부정적인 것은 확실히 다르다.

사람은 대접을 받고 싶어 한다. 그러나 탈무드에 이런 말이 있다. '남편이 부인으로부터 섬김을 받으려면 부인에게 먼저 왕후 대접을 하라. 그러면 왕후이신 부인이 당신을 왕으로 대접할 것이다.' 그 반대도 마찬가지이다. 보울딩(K. Bolding)의 거울원칙이 있다. 거울 앞의 내가 웃으면 거울 속의 나도 웃음으로 반응한다. 그러나 내가 화를 내면 상대도 화를 낸다. 가는 말이 고와야 오는 말이 고운 것이다. 마찬가지로 내가 먼저 열려 있어야 상대도 마음을 연다. 내가 열려 있으면, 곧 사랑의 마음을 가지면 상대가 보고 싶어지고, 그의 말이 듣고 싶어지며, 그와 말하고 싶어진다.

상대방의 입장에 섬

커뮤니케이션의 요체는 내가 상대방의 입장에 서는 데 있다. 이른바 감정이입(empathy)이나 이해(understanding)는 근본적으로 내 입장에서 남을 보는 것이 아니라 상대방의 입장으로 들어가 그 속에서 상대를 이해하는 것이다. 개와 고양이는 서로 꼬리 흔드는 모습이 다르다. 개는 기분이 좋으면 꼬리가 위로 올라간다. 그러나 나쁘면 아래로 처진다. 고양이는 이와 반대다. 기분이 좋으면 꼬리가 아래로 처진다. 그래서 꼬리를 쳐들고 오는 개를 본 고양이는 자기를 싫어해서 기분 나빠하는 줄 알고 으르렁거린다. 우리는 서로를 이해하지 못하면 서로 으르렁거릴 수밖에 없다.

예수님은 사람의 몸을 입고 이 땅에 오셨다. 이 성육신 사건은 예수님이 우리의 입장에 서신 것이다. 이 사건을 통해 고난을 받고 십자가 위에서 죽음을 맛보셨다. 이것은 주님의 이해의 태도가 얼마나 깊은가를 보여준다. 상대방의 입장에 서는 삶의 모범을 주님이 몸소 보여주셨다. 우리는 삶에서 그분의 길을 따라가는 사람들이다. 그리스도인의 인간관계에서 요체는 바로 상대방에 대한 이해에 있다.

상대에 대한 긍정적 인식

우리는 confidence를 자신감이라 말하고 있지만 이 말의 어근은 믿음(fides)이다. 이 말 속에는 자신에 대한 믿음과 상대에 대한 믿음 모두를 포함하고 있다. 자기에 대한 확신과 믿음이 있으면 긍정적 자아상을 갖게 되고, 상대에 대한 확신과 믿음이 있으면 긍정적 타아상을 갖게 된다. 노만 빈센트 필(N. V. Peale)도 그의 「적극적 사고방식」에서 제일 먼저 '자기 자신을 믿으라'고 권고하고 있다(Peale, 7). 자아상이든 타아상이든 모두 긍정적으로 갖는 것이 중요하다.

맥그리거(D. McGregor)는 상대(인간)에 대한 부정적 인식을 X이론이라 하였고, 긍정적 인식을 Y라 하였다. 그는 사람을 부정적으로 볼 것이 아니라 긍정적으로 인식하도록 하였다. 아지리스(C. Argyris)는 상대(인간)를 못살게 구는 A형과 아주 잘해주는 B형을 구분하고, 우리는 상대를 부정적으로 보고 매사에 그를 못살게 구는 XA형이 아니라 긍정적으로 보고 실제 그에게 잘해주는 YB형으로 바꾸지 않으면 안된다고 주장했다. 우리는 상대를 긍정적으로 보고 '할 수 있다'는 자신감을 심어준 결과 놀라운 변화를 가져다 주었다는 실례를 많이 보고 있다.

그리스도인은 상대방이 더 나은 삶을 살도록 해야 한다. 공동체의 구성원은 서로 도와 진보하고 발전하도록 해야 한다. 나로 인하여 상대방이 비참해지고 불행하게 된다면 그것은 인생의 실패자이다. 자기와 관련된 사람들을 발전시키고 성공하도록 하는 사람이 참 행복하고 성공한 사람이다. 짧은 시간 서로 앉아서 대화를 나누더라도 상대의 마음 속에 믿음을 심어주며 기쁨과 소망을 주고 유익함을 주어야 한다. 우리가 상대에 대해 XA적 사고와 행동을 취할 때 대부분의 사람은 쉽게 자신감을 잃고 포기한다는 사실을 잊어서는 안된다.

편견의 제거

인간은 매우 이성적이고 합리적인 것처럼 보이지만 인간관계 측면에서 볼 때 비이성적이고 불합리한 측면이 많다. 인간의 비합리성에는 대부분 편견이라는 괴물이 자리잡고 있다. 그 중에 대표적인 보기가 고정관념(stereotyping)과 현혹효과이다.

고정관념은 상동적 태도라고도 하는데 이것은 한 마디로 상대방에 대해 나쁜 사진을 가지고 있는 것을 말한다. 사진은 한번 찍히면 지울 수 없듯이 상대에 대한 편견을 지우지 않고 그를 생각할 때마다 언제나 그 사진을 생각하게 된다. 고질적인 남녀 성차별, 지방색, 종교차별, 인종차별이 이에 속한다. 개체가 서로 다를 수 있음에도 불구하고 묶어서 분류하고 범주화하여 인식한다. 유대사람들이 갈릴리나 사마리아 사람을 차별했으며, 예수님도 지방색에 따른 차별을 당했다. 교회에서 이런 차별이 존재해서는 안된다.

현혹효과는 어떤 한 특질을 가지고 사람의 다른 면을 모두 평가해 버리는 것을 말한다. 한 가지 장점을 보고 나머지 모든 것을 보지도 않고 좋게 평가하는 것을 가리켜 후광효과(halo effect)라 하고, 한 가지 단점을 보고 나머지 모두를 보지도 않고 나쁘게 평가하는 것을 가리켜 뿔효과(horns effect)라 한다. 성자의 후광을 보고 그 사람의 모든 것을 좋게 보려는 것이나 마귀의 뿔을 보고 그를 나쁘게 보는 것과 같다. 사람들은 후광효과를 노려 좋은 집, 좋은 차, 고급시계, 좋은 학벌을 가지려 한다. 이런 외형적인 것만으로 사람을 판단하고 차별하는 것은 인간관계에서 문제를 일으킨다. 이런 차별과 편애는 사람을 열등감에 빠지게 하고 패배감을 심어준다.

여유있는 삶의 태도

한국인은 너무 무뚝뚝하고 금방 싸우려 들려는 성급함이 있다. 내 생각, 내 방식에 지나치게 집착하여 양보하려 들지 않는다. 우리는 보다 여유있는 태도를 가질 필요가 있다. 비록 마음에 들지 않고 화가 치밀어도 '그럴 수도 있지'라는 여유를 갖는 것이 좋다.

여유는 신축성 있는 태도를 길러준다. 상대가 내 방식이 아닌 다른 방식을 취한다 해도 보다 개성있는 방식을 통해 문제를 해결해 나가도록 한다. 여유는 발상의 전환을 가져온다. 욕하고 때려주고 싶을 때 오히려 웃고 칭찬함으로써 상대를 놀라게 하고 주위와 편안한 관계(rapport)를 유지하게 만든다. 상대는 이러한 멋을 발견하고 존경심을 갖게 된다. 인간관계에 있어서 분노나 화를 직접 표시하는 것보다 여유를 보이는 것이 보약을 먹는 것보다 낫다.

말을 할 때도 '일리가 있습니다', '당신이 옳을지 모릅니다', '당신이 옳습니다', '그렇군요'라는 말들을 자주 사용하는 것이 좋다. 누구의 말이든 한 가지 이치는 있게 마련이고, 의견이 서로 다르다 할지라도 결론에 가서는 당신이 옳다고 말할 때 상대방은 기분이 좋고 행복감을 느낀다. 상대방의 말을 옳다고 인정해 줄 수 없는 경우라 할지라도 상대방을 인정하는 태도를 보일 때 상대방의 마음은 자연 열리기 마련이다.

그리스도인의 바람직한 인간관계

그리스도인의 바람직한 인간관계는 우리의 인간관계를 예수님의 눈높이에서 보고 우리의 수준을 주님이 원하시는 수준과 방향으로 끌어 올리는 것이다. 이를 위한 몇 가지 방법을 생각하면 다음과 같다.

하나님 나라 생활방식의 적용

매브리의 천국 젓가락 원칙은 우리가 이 땅에서 어떤 삶을 살아야 하는가를 가르쳐 준다. 그는 우화적 묘사로 천국과 지옥의 삶의 모습이 왜 다른가를 보여주었다. 천국과 지옥 모두에 먹을 것이 많았지만 서로 대하는 태도가 달랐다는 것이다. 두 곳 모두 4피트 짜리 젓가락을 사용했는데 지옥의 사람들은 서로 자기만 먹으려다 하나도 못먹어 몸이 말라 있었음에 반해 천국의 사람들은 자기가 아니라 서로 상대에게 먹여줌으로써 건강미가 넘쳤다는 것이다. 그리스도인은 선으로 악을 이기는 사람들이다(롬 12:21). 그리스도의 심장과 마음을 가지고 사람을 대하면 인간관계가 달라진다.

상호존중의 언어생활

하나님 나라의 삶을 살려면 무엇보다 상대방의 자존심을 세워주는 말을 사용해야 한다. 상대방의 권위를 무시하거나 자존심에 상처를 입히는 행동을 특히 삼간다. 말로 입은 상처는 칼로 맞은 상처보다 더 아프다고 한다. 주변에서 좋은 평가를 받는 사람들은 사람을 대할 때 호의적이고 적극적인 말을 자주 사용하는 사람들이다. 마음에서 우러나오는 호의적인 말 한 마디는 그 말을 한 사람이나 듣는 사람에 대해 긍정적으로 느끼게 해 준다. 사람들은 업무에 대해 칭찬을 받으면 고맙게 생각하며, 다른 사람들이 자신에 대해 긍정적인 측면을 주목하거나 이야기해 주면 스스로 좋아하게 된다. 자신에 대해 긍정적이게 된 사람들은 다른 사람도 좋게 생각하게 된다. 이처럼 호의적인 말은 고리를 이으며 조직의 분위기를 순화시킨다.

하나님의 나라에 사는 사람은 서로 존중하고 생각해 주는 천국의 언어를 사용해야 한다. 사소한 일에도 고맙다는 말을 한다. 상대방이 나에게 해준 일이 없다 하더라도 그저 함께 관계를 맺고 사는 것만으로도 고마움을 느낀다면 그 사람의 인간관계는 더 없이 좋다. 잘못이 있을 때는 솔직하게 잘못을 시인하고 미안하다는 뜻을 전한다. 또 상대방에게 이것 저것을 하라고 강요하기 보다는 도와 달라고 요청한다. 그렇게 말하는 것이 상대방의 자존심을 세워준다. "경우에 합당한 말은 아로새긴 은쟁반에 금사과니라"(잠 25:11). 상대방의 권위와 자존심을 세워주는 언어는 금사과 역할을 한다. 이 금사과들은 인간관계를 풍족하게 만들 뿐 아니라 하나님 나라를 이 땅에 더욱 확산하는데 도움을 준다.

루터법의 적용

루터는 상대방을 예수님이라고 생각하고 대함으로써 상대에 대해 자신의 진지함과 성실된 관계를 유지하고자 했다. 물론 상대가 예수님은 아니다. 그러나 자기 앞에 예수님이 계신다는 생각을 가지고 말하고 행동할 경우 실제적으로 달라진다. 이것은 신전의식(Coram Deo), 곧 '하나님 앞에' 서 있는 삶의 의식과 연관된다. 하나님이 내 앞에 계신다고 생각하면 그 사람을 대하는 태도가 달라진다. 부부관계, 자식과의 관계, 친구와의 관계도 마찬가지이다. 하나님이 보이지 않는다고 교만하게 행동하는 것과 보이지 않으시지만 계신 것처럼 행동하는 것과는 다르다.

쉘던법의 적용

쉘던(C. Sheldon)은 「예수라면 어떻게 할 것인가」를 썼다. 그는 이 글에서 매사에 예수라면 어떻게 할 것인가를 생각하고 행동에 옮길 것을 강조했다. 이것은 인간관계에서 말씀을 생활에 적용할 때 크게 도움을 줄 수 있음을 보여준다.

　예수는 매사에 상대방의 아픔을 생각하고, 그 아픔 속에 동참하셨다. 우리가 솔선하여 상대방의 아픔에 들어갈 경우 약간의 수고가 따르겠지만 결국 사랑과 정이 오가는 아름다운 관계를 이루게 된다.

　사람은 자기에게 주어진 의무를 게을리하고 책임을 회피하는 사람이 있다. 이런 사람이 많은 사회나 조직은 퇴보할 수 밖에 없다. 또한 자기에게 주어진 의무에는 충실하지만 그 이상은 절대로 손을 대지 않는 사람이 있다. 이런 사람은 좋은 사람으로 그런대로 사회에 유익을 준다. 나아가 자기에게 주어진 책임이나 맡겨진 것 이상으로 수고하고 봉사하려는 마음가짐으로 생활하는 사람이 있다. 봉사주의(servocracy)를 주장하는 사람도 있다. 어떤 사회든 주어진 의무를 훨씬 넘어 활동하는 사람이 많으면 많을수록 그 사회나 조직은 밝고 명랑하며 끊임없이 진보해 나간다.

　예수께서는 '속옷을 가지고자 하는 자에게 겉옷까지도 가지게 하며 또 누구든지 너로 억지로 오리를 가게 하거든 그 사람과 십리를 동행하라'(마 5:40, 41)고 하셨다. 이것은 자기에게 주어진 의무를 넘어 생활하라는 말씀으로 이런 사람이야말로 '예수라면 어떻게 할 것인가'라며 스스로 묻고 행동하는 사람, 예수를 생각하며 그 말씀대로 실천하며 살아가려는 사람에 속한다.

비교하지 않음

　유대인들은 자녀를 교육할 때 자기 자식을 좀처럼 남의 자식과 비교하지 않는다. 이에 비해 우리 부모나 어른들은 '누구를 봐라.

너는 왜 그 정도냐'는 식으로 말해 상대방의 기를 무참히 꺾어 놓는다. 우리는 상대방의 '있는 그대로'를 인정하고 받아들일 필요가 있다. 그 나름대로 독특하고 개성이 있기 때문이다. 예수님도 '우리의 모습 그대로' 받으시고 용서하셨다. 우리도 그 정신을 본받아 상대를 수용하는 태도를 기를 필요가 있다.

비교를 하는 것은 상대에 대한 기대, 특히 완전에 대한 기대 때문이다. 사람의 생명과 안전에 관계되는 공사는 완전할수록 좋다. 이런 일에 적당히 하거나 대충하는 것은 금물이다. 그러나 생명과 안전에 관계가 없고 단지 인간 서로에 관계되는 경우에는 상대에게 완전을 요구해서는 안된다. 사람에 대해 너무 기대치를 높이면 그만큼 실망도 크게 된다. 아무리 훌륭한 사람이라 할지라도 인간은 완전할 수 없기 때문이다. 남편도 아내도, 친구도, 지도자도 불완전하기는 마찬가지다. 우리는 자신이 완전하지 못함을 알고 상대방의 불완전한 것을 용납하고 한 걸음 더 나아가 그 부족한 부분을 채워주는 책임이 있음을 알아야 한다. 따라서 보다 나은 인간관계를 위해서는 완전을 요구하지 않는 삶의 태도가 필요하다.

나아가 상대를 지배하려는 태도를 버려야 한다. 그리스도인의 삶은 권위주의나 패권주의를 용납하지 않는다. '누가 크냐'고 싸우는 것은 그리스도인답지 않다. 그리스도인의 삶은 자신을 남과 비교하고 그를 지배하려는 삶이 아니다. 테레사 수녀는 '섬기는 사람은 위를 쳐다볼 틈이 없다'고 하였다. 그리스도인은 서로 섬기는 사람이지 남을 지배하는 사람이 아니다.

양승방법의 적용

사람들은 남과의 관계에서 상대방을 이기고 자신의 승리를 추구하는 승패(Win-Lose)의 삶을 추구한다. '나는 살아야겠고 너는 죽어야겠다'는 것이다. 이런 이기고 지는 관계만 무성하다면 인간관계는 무너질 수밖에 없다. '너 죽고 나 죽자'는 식의 양패(Lose-Lose)도 좋지 않다. 중요한 것은 나도 살고 너도 살 수 있는 양승(Win-Win)의 방법을 추구하는 것이다. 이것은 나도 좋고 너도 좋은 방법(I'm O.K-You're O.K)에 속한다. '나는 죽더라도 너는 살아라'는 패승(Lose-Win)의 방법도 있기는 하지만 이것은 하나님이나 부모가 할 수 있다. 이런 경지에 들어가려면 상당한 정도의 희생정신을 가지고 있어야 한다. 현실에서 그리스도인의 인간관계는 양승방법이 바람직하다.

양승방법을 성취하려면 권리를 다 주장하지 않는 삶의 태도가 필요하다. 사람을 살펴보면 자기 의무는 소홀히 하면서 권리만 주장하는 사람이 있다. 이런 사람은 조직을 행복하게 이끌어갈 수 없으며 어디서나 불화를 조장한다. 또한 자기 의무에 충실하고 자기 권리도 다 행사하는 사람이 있다. 이런 사람은 합리적이고 선량한 사람에 속한다. 이보다 더 나은 사람은 자기 의무에 충실할 뿐 아니라 때에 따라서는 자기 권리를 보유하거나 양보하는 사람이다. 이런 사람이 많을수록 그 조직은 밝고 너그러운 공동체로 발전한다. 성경을 보면 "너희가 너희의 땅에서 곡식을 거둘 때에 너는 밭모퉁이까지 다 거두지 말고 네 떨어진 이삭도 줍지 말며 네 포도원의 열매를 다 따지 말며 네 포도원에 떨어진 열매도 줍지 말고 가난한 사람과 거류민을 위하여 버려두라"(레 19:9, 10)고 했다. 이것은 자기가 마땅히 취할 권리를 다 주장하지 않고 일부를 상대방에게 양보하라는 말씀이다. 이런 마음을 가진 사람이 많아질 때 그 사회나 조직은 밝아진다.

성령님의 내주

그리스도인의 인간관계는 주님을 빼놓고 인간만 하는 것이 아니다. 그리스도인으로서 산다는 것은 그리스도인답게 인간관계를 맺고 산다는 것을 의미한다. 이를 위해 우리 사이에 성령님이 항상 내주하기를 기도하고 성령이 충만한 가운데 기쁨으로 관계를 맺으며 살 필요가 있다. 그리스도인의 삶은 패배의 삶이나 자포자기의 삶이 결코 아니다. 성령 안에서 기쁨이 있고 생명력이 넘친다. 그리스도인일수록 적극성이 있어야 하고 활달함을 보여야 한다. 이것은 성령님이 우리 안에 살아 역사하신다는 것을 보여주는 것이다.

한국인과 인간관계

한국인의 인간관계가 다른 나라 사람과 크게 다르지는 않지만 몇 가지 점에서 특이한 점들이 있다. 이것을 유의한다면 보다 나은 인간관계를 유지할 수 있을 것이다.

그 첫째는 한국인의 특유한 자존심이다. 한국인은 백 번 잘하다가도 한 번 자존심을 상하게 하면 인간관계가 깨지며 치유가 쉽지 않다. 김용운에 따르면 우리 나라 사람이 이처럼 자존심에 집착하는 것은 선비사상을 중시하는 문화적 풍토와 연관이 있다.

둘째, 감정관리에 유의할 필요가 있다. 한국인은 대부분 성질이 급한 편이다. 한국인이 '빨리빨리'를 선호하는 것도 이같은 성격을 반영한다. 일이 안 풀린다 싶으면 갑자기 극단적 사고와 행동을 하는 것도 참을성이 부족한 것과 연관이 있다.

셋째, 성숙하도록 노력할 필요가 있다. 한국인의 교육수준은 아주 높다. 그러나 행동수준은 기대이하이다. 이것은 교육과 실제 생활이 연결되지 않았음을 의미한다. 알지만 행동에 옮기지 않는다. 이것은 성경에 대한 지식은 많으면서도 그것을 생활로 연결시키지 못하고 있는 것과 마찬가지다. 따라서 지식과 생활을 연결하고, 말씀을 생활화함으로써 보다 나은 성숙으로 나아갈 필요가 있다.

넷째, 인간관계를 점증관계로 발전시켜야 한다. 인간관계는 크게 점증관계, 점감관계, 고원관계로 나뉜다. 점증관계는 시간이 갈수록 그 관계가 공고해지는 것을 말하고, 점감관계는 처음에는 아주 좋았던 관계가 시간이 갈수록 식어지는 것을 말하며, 고원관계는 좋아지다가 어느 단계에 가서는 더 이상 진전이 없는 것을 말한다. 한국인의 인간관계에서 상당수는 점감관계나 고원관계가 차지하고 있다. 이것은 인간관계에 있어서 문제가 있음을 보여주는 것이다. 그리스도인의 인간관계는 날로 깊어지는 것이어야 한다.

끝으로, 한국 그리스도인의 인간관계는 하나님 나라를 건설하는 데 목적을 두어야 한다. 인간관계는 단지 서로 만나 즐거운 시간을 갖는 것에만 목적이 있지 않다. 가정, 직장, 교회, 학교에서 인간관계를 깊게 가지는 것은 그리스도 안에서 형성되는 그 나라를 우리 가운데 건설하고자 하는 데 더 뜻이 있다. 따라서 우리의 인간관계는 무엇보다 하나님이 원하고 기뻐하시는 삶을 이루는 것이어야 한다.

【 도움되는 말 또는 사례 】

* 등종성

일반적으로 한 알에서 하나의 생명체가 탄생한다. 그러나 섬게(sea urchin)의 경우는 다르다. 한 알에서도 하나의 생명체가 탄생함은 물론이다. 그러나 한 알을 반쪽 씩 잘라 둘로 나누면 생명이 죽는 것이 아니라 완전한 생명체 둘이 탄생한다. 더욱 신기한 것은 두 알을 하나로 합칠 경우 이상한 물체가 탄생하는 것이 아니라 하나의 완전한 생명체가 탄생한다. 그 어떤 방법으로 하든 한 생명체가 탄생하기는 마찬가지다. 이를 가리켜 생물학에서는 등종성(equifinality)이라 한다. 어떤 방법을 사용해도 끝이 같다는 것이다.

이것을 우리의 인간관계에서도 적용할 수 있다. 우리는 대부분 나의 방법을 고집한다. 그래서 아랫 사람도, 다음 사람도 나의 방법을 사용하도록 고집한다. 지시를 해 놓고서 그 방법대로 했는지 묻는다. 안했다면 기분나쁜 표정을 짓는다. 그러나 독자적인 개성을 존중하는 지금은 달라야 한다. 나의 방법을 고집할 것이 아니라 나름대로 독특한 해결방법을 추구하도록 해야 한다. 그래야 창의성이 발휘되고 조직의 분위기도 한결 달라진다. 이것이 바로 열린 조직의 특성이다.

* 자능감

교육심리학적 용어로 자능감(self-efficacy)이라는 말이 있다. 이것은 선생이 학생에게 '할 수 있다'는 말로써 자신감을 불러 일으켜 주면 그 학생이 관심과 적극성을 가지고 일에 임하고 결국 성취해 낸다는 것이다. 수학을 성공적으로 끝낸 학생이 다음 학기에 수강해야 하는 물리에 대한 공포감을 가지고 있을 경우 선생이 '물리도 수학과 성격이 같아. 넌 해낼 수 있어'라는 말을 해줄 경우 그 학생은 자신감을 가지고 그 과목을 성공리에 마칠 수 있게 된다.

   인간관계에서 중요한 것은 상대에 대해 자신감을 불러 일으키는 것이다. '할 수 없다'는 부정적 인식이 아니라 '할 수 있다'는 자신감을 주어 삶에 생명력을 불어 넣어 주는 것이 인간관계의 요체이다. 노만 빈센트 필 목사의 「적극적 사고방식」은 대표적인 보기이다.

【 생각해볼 문제 】

1. 그리스도인의 바람직한 인간관계를 위해서는 하나님과의 관계가 중요하다고 한다. 그 이유는 무엇인가?
2. 비난과 비판은 어떻게 다른가? 우리는 비판을 어떻게 받아들여야 하는가?
3. 상대방의 입장에 선다는 것을 자신의 삶을 통해 구체적으로 설명해 보라.
4. 한국교회 내에 있는 편견적 요소들은 무엇인가?
5. 우리의 인간관계를 예수님의 수준으로 높이려면 어떻게 해야 하는지 말해 보라.

【 참고문헌 】

- 양창삼, 「인간관계, 예수님 눈높이로」(예찬사, 1996).
- Davies, J.C., "Toward a Theory of Revolution", American Sociological Review, Feb. 1962, 4-19.
- Peale, N.V., The Power of Positive Thinking, 「적극적 사고방식」(정음사, 1974).

12. 교회지도자와 리더십

교회 지도자와 리더십

그리스도인은 모두 예수님을 주님으로 모시고 살고 있기 때문에 항상 교회의 머리되시는 주님을 지도자로 모시고 생활해야 한다. 교회에서 주님은 리더 중의 리더시다. 목회자나 교회의 여러 지도자는 주님의 모범을 따라 주님의 일을 돕는 사람일 뿐이다. 그럼에도 불구하고 교회의 여러 모습을 보면 주님보다 자기를 높이려는 사람, 섬김보다 군림을 더 선호하는 모습을 발견할 수 있다. 교회에서 나타나는 여러 리더십 유형 가운데 독재형은 이러한 모습에 가깝다. 그리스도인의 삶에서 중요한 것은 우리의 모범되시는 주님의 리더십을 배우고 실천하는 것이다. 따라서 교회에서는 지도자일수록 더 겸손하고, 주님의 능력이 교회의 일을 통해 나타나도록 기도하며, 하나님의 뜻을 세워나가도록 해야 한다.

리더십은 '간다'는 뜻을 가진 앵글로색슨어의 리탄(lithan)에서 나온 말이다. 리더십은 살아움직일 뿐 아니라 뚜렷한 목적과 방향을 가지고 있다. 교회에서 리더십은 하나님의 뜻이 살아움직이도록 하는 것과 항상 인간의 뜻이 아니라 하나님의 뜻을 세우는 쪽으로 매진하도록 해야 한다. 방향을 상실한 리더십은 리더십이 아니다.

리더십 유형

독재형, 민주형, 자유방임형

독재형, 민주형, 자유방임형은 리더십 유형 가운데 가장 대표적인 분류방법에 속한다.

독재형은 때로 관료적 독재형이라 불린다. 이 유형은 일방적으로 결정하고, 통제를 감행하며, 다른 사람에게 권한을 위임하지 않는다. 권위주의적이고, 관료주의적이어서 규칙과 법칙을 많이 두고자 한다. 사랑이 적을수록 독재적으로 나타난다. 단독으로 모든 일을 하는 사령관 목회자가 이에 속한다.

독재형에는 자애로운 독재형(benevolent autocracy)도 있다. 강한 손으로 인도하지만 부드러운 마음을 표현하려고 한다. 그리스정교회나 가톨릭 교회에서 볼 수 있다. 이런 유형의 리더는 '우리의 사랑하는 지도자'로 불리기를 좋아한다. 울프(R. Wolff)의 가부장형(paternalistic leadership)이 이에 속한다. 지도자는 아버지와 같은 태도를 가지고 그룹의 개개인에 관심을 가진다. 하나님이 자신을 아버지 또는 목자로 계시하고 있어 교회 지도자들에게 가부장적 지도자상이 매력적으로 보일 수도 있다. 그러나 지도자와 대중이 완전히 일치를 이뤄 규율을 지키기 어려운 점도 있고, 가족과 같은 분위기로 효율성이 떨어진다는 약점도 있다.

지도자의 권위를 너무 인정한 나머지 독재적 요소로 발전할 수도 있다. 가부장적 지도자가 사라지게 되면 대중은 허탈감에 빠지게 된다.

민주형은 때로 참여형, 협의형이라 불리기도 한다. 이 유형의 지도자는 사람들에 의한 의사결정을 촉진하고, 사랑과 충성의 관계를 수립하고, 협력한다. 그룹사람들과 함께 일하기를 좋아하는 선수-코치형이 이에 속한다. 상호협력을 좋아하고 인내하며 의견을 일치시킨다. 상호협력적인 지도자가 이에 속한다.

자유방임형은 허용형에 속한다. 이 유형의 지도자는 자기 없이도 교인들이 교회를 잘 운영할 수 있다고 생각하여 교인 스스로 기쁘게 일할 수 있도록 한다. 교회에 아무런 방향제시나 간섭을 하지 않고 기도할 뿐이다. 이 유형은 때로 책임감이 부족하고 불안정하며 우유부단하게 느껴지기도 하지만 대부분 편안한 지도자로 인식된다.

울프(R. Wolff)는 민주형, 독재형, 가부장형, 자유방임형 이외에도 당파형(partisan leadership)을 추가하였다. 당파적 지도자는 그룹에 대해 확신이 강한 사람이다. 그는 단체의 목적을 위해 너무 헌신적이며 꺼지지 않는 열정과 용기를 가지고 이끌어 나가고 자기 그룹의 약점을 적게 하려 한다. 특히 그가 창설자이고 대표자인 경우 필사적이다. 지도자가 자신을 특수한 무리와 동일하게 생각하게 되면 편파적이고 소견 좁은 지도자가 된다(Wolff, 44-45).

잉스트롬(T. Engstrom)은 민주형, 자비독재형, 독재관료형, 방임형이 있고, 이 외에 조작적 고무주의형 지도자(manipulative-inspirational leadership)를 제시했다. 이 유형은 일반적으로 혼란스럽고 애매한 구조를 지녔으며 목표도 관리자보다는 일하는 사람들에 의해 세워진다(Engstrom & Mackenzie, 96-97).

번즈의 모형

번즈(J. Burns)는 거래적 리더십(transactional leadership)과 변혁적 리더십(transformational leadership)으로 구분하였다. 거래적 리더십은 경영자의 자금과 종업원의 노동력을 거래하듯이 업무처리에 있어서 합리적이지만 기계적이어서 감정이나 의식이 작용하지 않는 것을 말한다. 이에 비해 변혁적 리더십은 사람의 마음을 변혁시키는 데 주력하는 동기유발형이다.

데일의 목회 지도자 모형

데일(R. Dale)은 여러 지도자 모형을 배합하는 상황접근 방법을 사용하여 다음과 같은 네 가지 유형을 제시하였다.

① 촉매자

유능한 능동적-긍정적 지도자로서 선수-코치형이다. 이 유형의 지도자는 마치 '당신의 조국이 당신을 위하여 무엇을 할 수 있는가를 묻지 말고, 당신이 조국을 위하여 무엇을 할 수 있는가를 물어보라'고 말한 케네디 대통령처럼 사람들에게 활력을 불어넣어 목표를 성취케 하는 은사를 지니고 있다.

② 지휘관

효율적인 능동적-부정적 지도자이다. 사람들에게 조직, 목표, 동기를 부여하고 그들이 따라올 것을 기대한다. 자신의 직위와 부합한 권력을 추구한다.

③ 격려자

남의 감정을 느낄 수 있는 수동적-긍정적 지도자로 감정과 교제에 역점을 둔다.

④ 수도자

배타적이며 수동적-부정적 지도자이다. 자신의 주된 업무는 연구하는 것이지 성도들과 함께 하는 것이 아니라고 생각한다.

존스의 DISC모형

Performax 전문가인 존스(B. Jones)는 DISC모형을 제시했다. 이것은 인간행동의 15유형, 곧 다양한 개인 프로필 양상을 묘사하는 데 필요한 네 가지 측면을 가리킨다.

① 지배형(Dominance)

이런 경향성을 지닌 지도자들은 그들의 환경을 이용하여 변화를 초래하기 원한다. 그들은 고도로 과업지향적이다.

② 영향력형(Influencing)

이 유형의 지도자들은 훨씬 인간적이다. 다른 사람들이 행동하도록 자극하고 촉진함으로써 변화를 일으키기를 원한다. 그들은 인간관계에 있어서 대단히 온후하고 훌륭한 언어 구사력과 사교적 기술을 가지고 있다.

③ 불변형(Steadiness)

이 유형의 지도자는 전통을 유지하려는 경향이 있고 확고하다. 그들은 충성스럽고 인내하며 자신 뿐 아니라 다른 사람들로 하여금 변함없이 추진해 나가도록 후원한다.

④ 순응형(Compliance)

이 유형은 매우 성실하고, 사소한 것에도 주의를 기울이며, 규칙과 법규와 질서에 관심이 있다. 그들은 체계적으로 일하고 민감하며 직관적이다.

코스티욱(E. Kostiuk)은 효과적인 지도자 유형의 다양성과 관계하여 45명의 개인 프로필을 연구 한 결과 다음과 같은 결론을 얻었다. 이들 가운데 지배형이 75%로 가장 많았고, 영향력형이 25%, 그리고 그들 중 반 정도는 기본적으로 불변형 또는 순응형이었다. 성공한 관리자들은 그들의 장점을 최대화하고 약점은 최소화하고자 하였다. 상황에 맞는 유형을 택하고, 다른 사람들이 자신을 믿고 신뢰할 수 있도록 자신들에 대해 긍정적인 태도를 발전시켰다.

굿윈의 모형

굿윈(B. Goodwin, II)은 자기형 지도자(the I leader), 그들형 지도자(the they leader), 우리형 지도자(the we leader)로 구분하였다.

자기형 지도자는 군대에서 효과적으로 통하는 지도자형이다. 이 유형은 절대명령권을 소유한다. 이 형은 불확실한 상황, 신속하고 생사를 건 결단이 요구될 때 효과를 발휘한다. 그러나 이것은 비민주적일 뿐 아니라 반기독교적이다.

그들형 지도자는 고문변호사나 사업상의 자문역할자처럼 항상 집단 밖에 위치해 있으면서 자신의 전문적인 지식으로 그룹에 발생하는 상황을 진단, 조언하여 적절한 사람이 적합한 일을 하도록 돕는다.

우리형 지도자는 그룹 속에 모든 사람들이 자신의 혼란과 경험과 관찰에 의해 각기 판단하고, 의견을 종합하여 최선의 길을 모색하는 민주적인 지도자이다. 비록 시간이 걸려도 서로 토론하여 의견을 좁히고 통합하여 최선의 결론에 이르게 한다. 이 유형이 가장 바람직하다(Goodwin, 16-18).

그밖의 모형

이 외에도 리(H. Lee)는 성경적 지도자형을 제사장적 지도자(priestly leader), 선지자적 지도자(prophetic leader), 봉사적 지도자(servant leader)로 구분하였다. 제사장적 지도자는 하나님과 사람 사이의 중보자(눅 4:18-19)로서의 지도자이다. 선지자적 지도자도 역시 하나님과 사람 사이의 중보자이지만 근본적인 방향이 하나님으로부터 사람으로 전달하는 지도자이다. 봉사적 지도자는 제사장직과 선지자직을 통합하여 섬기며 이끌어가는 지도자형이다(Lee, 16).

그릴리(A. Greeley)는 상징적 리더십(symbolic leadership), 이상적 리더십(idealistic leadership), 인화적 리더십(interpersonal leadership), 조직적 리더십(organizational leadership)으로 구분하였다.

교회 지도자들은 이 같은 지도자 유형을 통해 자신이 어디에 속하는가를 평가하며, 바람직하다고 생각하는 유형에 스스로 얼마나 적응할 수 있으며, 사역에 자신이 얼마나 적합한가를 물어볼 필요가 있다.

교회지도자에게 요구되는 성경적 리더십

콘월의 모형

콘월(J. Cornwall)은 에스겔(겔 1:9)과 요한계시록(계 4:6-8)에 나오는 사자, 송아지(소), 사람, 독수리 등 4생물의 속성을 가리켜 참된 지도자가 갖추어야 할 4가지 상징으로 간주했다(이종영, 181-191).

4 생물의 성격

	피조물 대표	예수의 성품 (Walvoord)	4 복음 (Augustine)	신정통치의 4형식 (Lange)
사자	짐승의 왕	왕으로서의 예수	마태복음	승리적 용기
소 (송아지)	가축의 왕	종으로서의 예수	마가복음	희생정신
사람	만물의 왕	참된 인간	누가복음	자비의 모습
독수리	조류의 왕	하나님의 아들	요한복음	이상

① 사자 같은 지도자

사자는 짐승의 왕으로 항상 힘과 용기와 담대함을 상징한다. 참된 지도자는 하나님을 섬김에 있어서 힘을 다하고, 의를 행하는 일에 담대하며, 죄와 싸우는 일에 용맹스러워야 한다.

② 소(송아지) 같은 지도자

소는 가축의 왕으로서 충성과 희생의 상징이다. 지도자는 말만 앞세우지 말고 소처럼 묵묵히, 변함없이 충성해야 한다. 되새김질하는 소처럼 말씀을 되새김질하여 마음에 새기고 말씀대로 충성한다. 그리고도 주인을 위해 모든 것을 희생하며 봉사해야 한다.

③ 사람 같은 지도자

사람은 만물의 영장으로 지혜, 사랑, 자비, 긍휼의 상징이다. 지도자는 지혜롭게 봉사해야 하며, 자비와 사랑과 긍휼의 모범이신 예수를 좇아 봉사해야 한다.

④ 독수리 같은 지도자

독수리는 조류의 왕으로 무섭고 날카로워 불굴의 투지와 강한 생명력을 상징한다. 지도자는 위대한 안목을 가지고 역사와 먼 미래를 볼 줄 알아야 하고, 힘찬 생명력과 불굴의 투지로 자기의 이상을 추구하며, 고난과 시련 속에서도 새끼들을 조류의 왕으로 훈련시키고, 혼자 고독하게 창공을 날아도 높은 뜻을 품고 살아간다.

엥스트롬의 모형

엥스트롬은 바울의 영적 지도력을 지도자의 모범으로 간주하고 그의 리더십을 양육의 리더십(nurturing leadership), 모범의 리더십(examplary leadership), 아버지적 리더십(fatherhood leadership)으로 나누었다.

① 양육의 리더십

바울은 어머니가 인내를 가지고 아기에게 젖을 먹이고 기르듯(살전 2:7) 성도들을 돌봤다. 교회의 지도자는 스승이 고집센 아이를 포기하지 않고 끝까지 돌보듯 성도들을 포근하게 품어주고 먹이고 기른다.

② 모범의 리더십

바울은 밤낮으로 일하는 모범, 순수한 복음만 전하는 모범 등 모든 행동에 모범을 보였다. 교회의 지도자도 열심히 일하고, 하나님의 말씀만 전하고 실행하며, 모든 행동에 있어서 거룩하고 옳고 흠없이 하여 교인들을 향해 '나를 본받으라'고 말할 수 있어야 한다.

③ 아버지적 리더십

바울은 아버지가 자녀에게 권면하고 위로하고 경계하듯(살전 2:11) 친부와 같은 지도력을 발휘했다. 권면(parakaleo)은 자녀가 무지할 때 곁으로(para) 불러(kaleo) 바로 깨우친다는 뜻을 가지고 있다. 위로(paramutheomai)는 곁에서(para) 속삭이듯 말하는(muthos) 것을 뜻한다. 그리고 경계(martureo)는 자녀가 그릇된 길에 빠질 때 바른 길이 무엇인가를 보여주는 것이다. 권면은 사람에게 자발적인 행동을, 위로는 기쁜 행동을, 그리고 경계는 경외하는 행동을 고무한다. 지도자는 이런 지도력을 발휘해야 한다.

교회지도자에게 요구되는 품성

인격

어떤 사람이 지도자가 될 수 있는가에 대해서는 여러 내용들이 제시되겠지만 교회에서 맨 먼저 요구되는 것은 인격이다. 지도자라면 정직하고 신용이 있어야 한다. 그 인격 속에는 생활의 모든 면에서의 성실함과 하나님에 대한 충성됨이 있어야 한다. 그러한 인격이 교회에서 뿐 아니라 교회 밖에서도 인정을 받고 존경이 두드러지게 나타나야 한다. 기독교인의 인격이 이 시대를 이끌어 갈 상징이 될 수 있어야 한다. 지도자는 타고나야만 하는 것이 아니다. 자기개발을 통해 이뤄나갈 수 있다. 따라서 교회지도자는 좋은 인격을 갖추기 위해 꾸준히 배우고 연마하며 힘써야 한다.

열성

교회지도자는 열성을 가지고 있어야 한다. 지도자는 기쁠 때만이 아니라 어려운 처지에서도 열성을 가져야 한다. 지도자는 항상 긍정적으로 생각하고 일을 추진해야 한다. 이 열성은 인간에 대한 열성 뿐 아니라 그리스도에 대한 열정도 포함되어야 한다. 그리스도가 없는 열성은 열성이 아니기 때문이다. 해방후 한국교회의 관심사는 교권과 정치였다. 심지어 정치를 위한 정치에 열심이었다. 교회의 리더십은 정치에 있지 않다. 그것은 그리스도에 대한 관심이 얼마나 크냐, 주님이 우리에게 맡기신 양을 얼마나 성심껏 돌보며, 일을 얼마나 효과적으로 하려고 하느냐에 초점이 맞춰져야 한다.

섬김

기독교는 군림하는 자세가 아니라 섬김에 그 능력이 있다. 예수의 리더십 정신은 근본적으로 섬김에 있다. 교회지도자의 권위도 군림하려는 자세에서 나오는 것이 아니라 섬기는 자세(servanthood)에서 나온다. 이를 위해 교회지도자는 무엇보다 자신보다 남을 위한 이타심을 가지고 있어야 한다. 이타심이란 다른 사람의 이익을 위해 자신의 이익을 버릴 수 있는 것을 말한다. 이것이야말로 용기중의 용기이다. 이 용기는 은혜를 아는 자만이 실행할 수 있다.

결단성

교회지도자는 자신감과 용기, 그리고 결단성이 있어야 한다. 지도자가 자신감을 갖지 못하면 지도력을 발휘하기 어렵다. 지도자는 두려움에 처할지라도 그 두려움에 굴복하지 않는 용기를 가지고 있어야 한다. 결단을 내려야 할 시기에 결정을 내리지 못하고 시간만 끈다면 지도능력을 상실하기 쉽다.

전문성

종래 교회는 교권과 정치를 확보하기 위한 투쟁에서 리더십을 찾으려 했다. 그러나 이러한 권위주의적 교권질서는 붕괴되고 있다. 오히려 사회가 거대경제구조로의 변화, 첨단과학과 범세계적 통신과학의 발달로 특정분야에 대한 전문성이 권위로 인정됨에 따라 전문성이 지도력의 원천으로 자리를 잡아가고 있다. 대통령도 경제를 아는 대통령이 나와야 한다는 것처럼, 교회의 지도자도 시대의 변화를 알고 그 시대가 요청하는 전문성을 지니고 그 지도력을 발휘할 수 있어야 한다.

21세기와 한국교회의 리더십

팀 리더십

앞으로 한국교회를 이끌 지도자는 한국기독교의 엄청난 에너지를 통합할 수 있는 힘을 결집시킬 수 있어야 한다. 21세기 교회의 리더십은 독불장군식의 리더십이 아니라 여러 사람이 협조하고 힘을 뭉쳐 하나님이 기뻐하시는 일을 효율적으로, 그리고 효과적으로 감당할 수 있는 팀 리더십(team leadership)이 바람직하다. 세계선교·지역연합사업·사회봉사·각종 교회활동을 원활하게 진행하기 위해서는 교회가 가진 역량을 한 데 모을 수 있어야 한다.

감성 리더십

앞으로는 점점 더 묵시록적 세대가 될 것이다. 전쟁의 위기·환경의 파괴·비도덕화가 가속화될 것이고, 뉴에이지는 더욱 극성을 부릴 것이다. 현대인의 삼분의 일이 정신병이라 하며 청소년들의 태반이 정서불안에 걸려있다. 인간이 아무리 노력해도 죄·불안·공포·절망의 선은 넘지 못한다. 이런 위기적 국면에 교회의 지도자들은 서로 협력하고 기도하는 가운데 그들의 정신적 치유를 위해 노력해야 하며, 이를 위해 교인들과 열린 가슴으로 대화하고, 이해하며, 그들의 아픔 속으로 들어가 문제를 풀어갈 수 있는 감성 리더십(sensible leadership)을 높게 발휘해야 한다.

엠파워먼트 리더십

최근에는 아랫 사람에게 힘을 주는 리더십(empowerment leadership), 현명하고 성실한 조언자 및 교사 역할을 하는 멘터링 리더십(mentoring leadership) 등 다양한 리더십이 개발되고 있다. 이것은 독재형보다 민주형의 리더십이 선호되면서 더욱 발전하고 있다. 21세기의 리더가 되기 위해서는 아랫 사람에게 권한을 양보하고 힘을 실어줄 줄 알아야 한다. 이것의 기반은 섬김에서 나온다(Miller, 7). 엠파워링을 하는 지도자는 상호작용과 코칭을 통해 용기를 줄 수 있어야 한다(Logan, 7-9). 이러한 지도자는 다른 사람들로 하여금 일하게 하는 지도자형(enabler)이다.

다원적 리더십

21세기의 리더십은 근본적으로 변화에 대한 교회지도자의 인식이 어떤가에 달라진다. 특히 차세대의 여건이 어떻게 변화하느냐에 대한 예측과 함께 변화에 저항적인 우리의 사고와 태도는 물론 우리의 편협된 인식으로 빚어진 고정관념부터 과감히 깰 필요가 있다. 컴퓨터와 커뮤니케이션의 놀라운 발전으로 전근대적인 사고만으로는 21세기에 적응하기 힘들다. 교회지도자는 신축성있고 유기적이며 보다 다원적인 리더십(plural leadership)이 바람직하다.

전문적 리더십

21세기에는 지금처럼 한 사람이 모든 것을 혼자 하는 종합적인 지도자상은 무리이다. 정보환경의 변화에 따라 사회는 물론 교회의 변화 속도도 빨라지기 때문에 혼란과 무질서가 일어날 수 있다. 이러한 때에 각양각색의 형편을 전문가답게 지도하고 해결할 수 있는 전문적 리더십(professional leadership)을 필요로 한다. 따라서 교회지도자들은 교회활동 각 부문에서 전문성을 발휘할 수 있는 역량있는 전문가를 양성할 책임이 있다.

지구적 리더십

지구적 리더십(global leadership)은 거대한 영웅의 우주적 초능력이 아니라 지역적, 국가적, 민족적 각양의 지도력과 어느

한 분야도 소외시키지 않고 이를 통합 조정할 수 있는 조정자적 지도력을 말한다. 21세기에는 전세계 교파를 집약하고 조정할 수 있는 능력자가 요청된다. 한국교회지도자는 이러한 문제에 관심을 가지고 한국교회의 세계화는 물론 지구적 리더십을 발휘할 수 있는 유능한 지도자를 양성할 필요가 있다.

총체적 리더십

21세기에는 하나의 교회, 하나의 교파 교회로 존립하기 힘들다. 전지구적인 연합과 함께 교회의 각 역량을 집결시켜 그 힘을 효과적으로 활용할 수 있는 체계적 노력이 요구된다. 이른바 총체적 리더십(holistic leadership)이 필요하다. 교회지도자는 보다 높은 비전을 가지고 이 문제에 접근해야 하며, 이를 위해서는 각 교회에서부터 서로 지체의식을 가지고 시스템적으로 융합하는 운동이 일어나야 한다.

【 도움되는 말 또는 사례 】

* 변해야 할 사람은 자신

변해야 할 첫째 대상은 지도자 자신이다. 자기가 변하는 게 얼마나 어려운지를 알아야 남을 변하게 하는 게 얼마나 어려운 일인지를 알게 된다. 이것이 과연 지도자가 될 수 있느냐 하는 데 대한 궁극적인 시험이다.

중동의 신비주의자는 이렇게 말했다. "나는 청년 시절에 혁명적인 태도로 살았고, 하나님께 기도할 때 늘 '주여, 제게 세상을 변화시킬 능력을 주소서' 하고 기도했다. 중년이 되어갈 무렵에 나는 한 영혼도 변화시키지 못한 채 인생의 절반이 날아갔음을 깨달았고, 내 기도는 이렇게 변했다. '주여, 제 가족과 친구들처럼 저와 접촉하며 사는 모든 사람들을 변화시킬 은혜를 주소서. 그걸로 저는 만족하겠나이다.' 그 뒤, 노인이 되어 살 날이 얼마 남지 않았을 때 나는 내가 얼마나 미련했는지를 깨닫기 시작했다. 이제 나는 '주여, 은혜를 베푸사 저를 변화시켜 주옵소서' 하고 기도드린다. 처음부터 이렇게 기도했다면 인생을 낭비하지 않았을 것이다"(맥스웰, 80-81).

【 생각해 볼 문제 】

1. 교회 리더십이 추구해야 할 목적과 방향은 무엇인가?
2. 독재적 리더십보다 민주형이 선호되는 이유는 무엇인가?
3. 변혁적 리더십은 무엇이며 거래적 리더십과 무슨 차이가 있는가?
4. 에스겔(겔 1:9)과 요한계시록(계 4:6-8)에 나오는 사자, 송아지(소), 사람, 독수리 등 4생물의 속성을 통해 참된 지도자가 갖추어야 할 자질을 말해 보라.
5. 21세기에는 어떤 리더십이 요청된다고 생각하는가?

【 참고문헌 】

- 맥스웰, J., '차세대를 위한 지도력 변혁의 원리와 전략', 「목회와 신학」, 1994년 7월, 80-93쪽.
- 이종영, 「영적 리더십」(새한기획출판부, 1992).
- Burns, J.M., Leadership(NY: Harper & Row, 1978).
- Dale, R., Ministers as leaders(TN: Broadman, 1984).
- Engstrom, T.W. and Mackenzie, R.A., Manageing Your Time(MI: Zondervan, 1974).
- Goodwin, II., B., The Effective leader(IL: IVF, 1981).
- Greeley, A., Unsecular Man(NY: Dell, 1974).
- Jones, B.W., Ministerial Leadership in a Managerial

World(Tyndale House, 1988). 「목회리더십과 경영」(생명의 말씀사, 1994).
- Kostiuk, E.S., A Study of the Personal Profiles of Chief Executive Officers of Leading Businesses of the State of Hawaii(MN : Performax Systems International, 1981).
- Lee, H.W., Theology of Administration(MN : Augusburg Publishing House, 1981).
- Logan, R.E., "Mentoring : Another Way to Encourage", Global Church Growth, 33 · 3(July-Sept., 1996), 6-9.
- Miller, C., "Empowered to Serve", Contact Quarterly, 54 · 3(1995), 7.
- Wolff, R., Man at the Top(IL : Tyndale, 1969).

13. 교회의 성장과 관리

많은 교회들이 성장하기를 바라고 있다. 그러나 대부분의 경우 교회의 성장은 숫자적 성장, 통계적 성공, 대교회의 우상화로 집약됨으로써 문제를 일으키고 있다. 교회의 성장은 양에만 있는 것이 아니다. 그것은 교회의 질, 영적인 성숙, 믿음의 생활화, 제자화, 사회에 대한 기여 등 다양한 기준을 만족시켜야 한다. 교회 관리자는 교회의 성장에 관심을 가져야 한다.

작은 교회와 큰 교회

우리는 흔히 큰 교회 또는 작은 교회라고 말한다. 작은 교회와 큰 교회의 기준은 대체로 교인의 수와 연결되어 있다. 하나님께서는 수를 문제삼지 않는다. 아무리 수가 많은 큰 교회라 할지라도 거듭난 영혼들이 적다면 그것은 큰 교회가 아니기 때문이다. 그럼에도 불구하고 우리는 수에 집착되어 있다.

많은 사람들은 교인수 300명까지를 작은 교회로 보지만 일반적으로 70-100명 또는 그 미만이 전형적이다. 중간 교회는 150-300명, 대형교회는 1000명 이상으로 보는 것이 바람직하다. 물론 이것만으로 교회를 가르는 기준이 될 수는 없다. 쉘러(L. Schaller)는 재적수보다 예배출석자를 기준으로 최소형(40명), 소형(50-100명), 중간형(100-175), 어중간한 크기(175-225명), 대형(225-450명), 특대형(700명이상)으로 나눈다(Shaller, 1980). 수천 또는 수만의 교인수를 자랑하는 한국의 몇몇 교회들은 초대형 교회에 속한다. 그러나 한국교회라고 해서 다 그런 수의 교인을 가지고 있는 것은 아니라는 점을 인식하지 않으면 안된다.

크기에 따른 교회

조직 특성	작은 교회	중간 교회	큰 교회
정치 체제	참여민주주의	대표민주주의	대표민주주의
의사 결정	주요가족들	주요개인들	주요위치와 스텝
지 도 력	응답	상호작용	지도
목 사 역 할	가능케 하는 사람	팀의 선수	지도자 코치
목회자 권력	영향력 거의 없음	약간의 영향력	더 많은 영향력
관심의 초점	사람들	문제들	가능성

출처) L. Schaller(1984)

작은 교회와 큰 교회는 서로 유사점을 가지고 있다. 그렇다고 작은 교회가 큰 교회의 축소판이라고 생각해서는 안된다. 여러 가지 점에서 차이가 있기 때문이다. 설교의 경우 작은 교회에서는 용인할 만한 것이면 되지만 큰 교회의 경우 종종 특별한 것이어야 한다. 목사의 돌봄에 있어서도 작은 교회에서는 개인적이지만 큰 교회에서는 전문적이다. 목회자 스탭도 작은 교회에서는 일반사역자이지만 큰 교회에서는 전문가들이 더해진다. 교회생활에 있어서도 작은 교회는 주로 관계지향적이지만 큰 교회에서는 기능지향적이다. 프로그램을 개발해도 작은 교회에서는 단순하지만 큰 교회에서는 복잡하다. 작은 교회에서는 사람들의 개별적 이름이 나지만 큰 교회에서는 익명이 많다. 작은 교회에서는 교인들의 참여가 즉각적이고 직접적이지만 큰 교회에서는 중개적이고 간접적이다. 작은 교회일수록 목회자의 영향력은 약하고 큰 교회일수록 영향력이 강하다. 작은 교회는 사람들에 관심이 많지만 큰 교회는 가능성에 관심이 많다.

어떤 크기의 교회가 좋은가에 대해서는 사람마다 주관적 가치에 따라 달라진다. 생활배경, 성격의 유형, 교회의 경험이 그들이 선호하는 교회의 크기에 영향을 미치기 때문이다. 어떤 사람은 교인들간의 친밀감, 밀접한 의사소통, 쉽게 통제할 수 있는 점 등 사회적 이유 때문에 작은 교회를 좋아한다. 그러나 성취감, 전문가들의 사역, 다양한 봉사활동, 부담감이 없는 점 때문에 큰 교회를 선호하기도 한다.

하지만 중요한 것은 큰 교회가 좋은가 작은 교회가 좋은가가 문제가 아니라 교회의 크기에 관계없이 하나님이 원하시는 사역을 개발하고, 그 사역에 필요한 교인수를 확장하는 길을 모색하며, 그 사역을 효과적으로 달성할 수 있는 방향에 초점이 모아져야 한다. 단지 모든 교회가 양적으로 성장해야 한다는 것에 매여 있는 것은 문제이다.

한 목사가 1000명이 넘는 교회를 관리한다는 것은 실제적으로 불가능하다. 따라서 교회는 1000명이 넘을 때마다 따로 떼어놓을 준비를 하는 것이 바람직하다. 이를 위해 부목사를 키우는 일이 무엇보다 중요하다. 부목사는 단지 담임목사를 도우는 선에서 그칠 것이 아니라 하나님의 사역자를 훌륭하게 양성한다는 차원에서 관리되어야 한다. 큰 교회를 유지하고자 한다면 전문적인 팀목회나 공동목회를 하는 것이 좋다.

교회의 성장과 조직의 변화

교회들은 때로 어떤 수준까지 도달한 후 더 이상 진전하지 못하는 경우에 직면한다. 교회가 정체되는 것은 변화가 필요하다는 것을 보여준다. 그 시점에서 문제를 인식하고 다음 단계의 발전을 위해 조직을 재구성하지 않으면 그 상태에서 그대로 머무르게 된다(Womack, 69).

성장에 대한 근본적인 방해물은 현재에 만족하고, 더 이상의 변화를 원하지 않는 것이다. 어떤 교회는 교회의 주도적 세대가 지역 밖으로 나가기를 원하지 않는다. 만약 교회가 이 수준에서 오랫동안 머물러 있다면 두 세 가정이 교회를 지배하고 자신의 가족을 위하여 교회의 영향권을 지켜나가는 것으로 그치게 된다. 현재의 교인수에 만족하여 더 이상 커지는 것을 원치 않는 교회도 있다. 지금의 교인들이 모두 친한 관계를 맺고 있는데 다른 사람들이 오면 이런 관계를 포기해야 하기 때문이다.

교회가 성장의 한계선을 돌파하여 새로운 차원의 성장단계로 진입하는 일은 그리 쉽지 않다. 어떤 교회는 교회가 현재 정체되어 있으며 문제를 안고 있다는 사실을 인정하지 않으려 한다. 어떤 교회는 정체기에 너무 오래 머물러 변화를 더 어렵게 만들고, 어떤 교회는 문제는 인식하지만 해결책을 적극적으로 탐구하지 않는다. 교회성장의 한계를 과감히 부수고 변화를 초래하기 위해서는 강력한 목회지도력, 변화가 일어나도록 교회를 밀거나 당길 수 있는 추진력, 전통에 매이지 않는 융통성있는 지도력, 교회의 크기에 영향을 줄 수 있는 경영능력이 요청된다.

교회가 성장하면 조직이 변해야 한다. 교인수가 1000-1400명 선에 다다르면 전격적으로 새로운 문제에 직면한다. 교회는 단순한 조직체에서 복잡한 조직체로 바뀌어진다. 따라서 사역 전반에 걸쳐 효과적인 행정력을 수반한 지도층의 세련된 경영적 지도력이 필요하게 된다.

성장하는 교회의 특성

변화에 대한 적극성

보수적이라면서 40-50년 전의 의식구조를 고수한다면 교회는 성장할 수 없다. 보수는 말씀의 고수이지 행동과 사고의 무변화를 의미하지 않는다. 교회는 변화에 대해 개방적일 필요가 있다.

변화를 위해서는 목회자가 먼저 마음을 열고 열린 목회를 해야 한다. 목회자 자신이 변하지 않고 교인들이 변하기를 기대하는 것은 말이 되지 않는다. 목회자 그리고 교회지도자들이 개인적으로 닫힌 마음을 가진 교회는 성장할 수 없다. 배울 것은 어느 누구로부터도 배운다는 마음과 자세를 가져야 한다. 기업이 벤치마킹을 하고 학습조직이 되고자 하는 것은 겸손하게 배우고자 하는 데서 비롯되는 것이다.

교회가 변하기 위해서는 교회의 기구, 조직 모든 면에서 무엇인가 새로운 것을 받아들이려고 해야 한다. 교회의 전체적인 분위기가 폐쇄적이면 아무리 목회자의 마음이 열려있어도 변화를 수용할 수 없다(김선도, 53-54).

사랑과 돌봄의 높은 계수

성장하는 교회가 가지고 있는 중요한 특성은 사랑이다. 교회의 중요한 기능 가운데 하나는 교제(koinonia)이다. 교제의 본질은 영적인 것이지만 이것은 삶의 사회적 측면을 통해 사랑으로 나타난다. 미국 교회성장학연구소의 연구에 따르면 교회의 크기에 관계없이 성장하는 교회와 사랑이 넘치는 교회 사이에는 밀접한 상관관계가 있다. 긍정적인 성장의 모형이 나타난 곳에서는 사랑과 돌봄의 계수(LCQ : Love-Care Quotient)가 항상 높았다. 목회자나 지도적 교인들이 자기의 이익과 관련된 사람에게는 사랑을 보이고 자기의 이익과 무관하거나 자기를 반대하는 사람에게는 무관심과 배척으로 일관한다면 교회성장은 없다. 한국의 교회 속에는 의외로 사랑보다는 미움과 질시가 많이 자리잡고 있다.

교회가 커가면서 목사나 다른 사람들에게서 느꼈던 사랑이 식어진다. 따라서 교회가 성장을 원한다면 사랑을 적극적으로 펴야 한다. 현대인들은 신앙의 관계적 경험을 더욱 요청하고 있다. 큰 교회의 도중탈락자들은 그들이 군중 속에서 잃어버린 바 되거나 아무도 자신들을 진정으로 돌보지 않는다는 불만을 가지고 있다. 큰 교회는 이런 문제를 해결하기 위해 교회 안에 여러 소그룹을 두는 것이 바람직하다. 반이든 구역이든 기도모임이든 교회 내에 여러 소그룹을 두어 교인들이 광범위한 선택권을 가지고 자유롭게 참여할 수 있도록 함으로써 교회가 교인들 주변에 관심의 동심원을 만들 때 식어가는 사랑을 달랠 수 있다.

레이(D. Ray)에 따르면 주부(housemaker)와 가정부(housekeeper)는 다르다. 주부는 가족간의 관계와 안전을 먼저 생각하고 따뜻하고 개방된 분위기를 유지하려고 노력한다. 이에 비해 가정부는 청소와 정리 그리고 집 관리라는 직무기술서에 따라 일한다(Ray, 150). 쉘러도 교회에서 목자와 감독을 구별하고 있다. 목자는 주로 관계적인 것에 관심이 많다. 한 사람 한 사람에게 개인적 관심을 나타내고, 교인을 돌보고 사랑하는 사람으로서의 역할을 수행한다. 감독은 조직전체에 대한 관리전문인으로서 자주 프로그램 지도자로 인식된다. 일부 주장에 따르면 목자형은 작은 교회에 맞고, 감독형은 큰 교회에 맞는다. 그래서 지도유형을 목자에서 감독으로 바꾸거나, 목자 목사가 떠나가고 그 자리에 감독 목사가 오지 않는다면 교회는 성장하지 않는다고 주장한다.

그렇다고 큰 교회의 목사는 작은 교회의 목사보다 교인을 덜 사랑하거나 그래도 좋다는 것은 아니다. 목자형에서 감독형으로 변해야 한다는 것은 사람들에 대한 관점에 있어서 변화가 요청된다는 것을 말하고 있을 뿐이다. 보기를 들어 큰 교회의 목사는 작은 교회의 목사보다 심방에 문제가 많다. 그렇다고 모든 교인을 다 심방한다는 것은 불가능하다. 심방을 열심히 하고 있음에도 불구하고 담임목사가 찾아오지 않는다는 불평은 더욱 높아만 간다. 이것은 큰 교회의 목사라 할지라도 프로그램보다 사람들에게 더 많이 관심을 가져야 한다는 것을 보여준다. 목회자가 목자적 관심을 유지하고 지속적으로 교인들을 돌볼 때 교인들은 목자를 신뢰하고 따르게 된다. 따라서 레이는 결국 작은 교회가 적당한 크기의 교회라고 주장한다.

교회의 활성화 및 교인중심의 목회

교회는 하나의 유기적 조직체이다. 교회가 유기적 본질을 떠나 있을 경우 교회로서 존재하기 어렵다. 교회의 성장은 단지 행정 조직을 갖추는 것으로 끝나지 않는다. 교회의 모든 조직과 교인들이 그리스도 안에서 신앙적으로 뚜렷한 목표아래 서로 신뢰하고 의존하는 관계를 맺어야 발전할 수 있다. 교인 모두 목회자와 하나가 되고, 교역자 모두 교인들과 하나가 되어야 한다.

이를 위해 목회자는 강한 영적 비전과 지도력을 소유해야 하며, 교인이나 기관 모두가 활성화되어야 한다. 목회자는 한 사람이 교인이 되는 순간부터 어떤 형태의 사역에 들어가야 하는가를 생각해야 하며, 교회 지도자들은 제자훈련을 받고 그에 따라 삶의 현장에서 어떻게 그리스도인으로서 살며 아울러 그리스도를 증거해야 하는가를 몸소 실천하도록 한다. 교인들을 활성화시킴에 있어서 교실에서의 교육도 중요하지만 삶의 현장에서의 경험도 중시될 필요가 있다. 전임 교역자뿐 아니라 교인 모두가 전임 사역자 못지 않는 역할을 담당할 때 그 교회는 성장한다. 이것은 교인들의 참여와 활동영역이 그만큼 넓고 자유롭다는 것을 보여준다. 따라서 엠파워먼트 리더십은 필수적 요소가 된다.

영성개발훈련의 강화

성장하는 교회의 특성 가운데 하나는 영성개발운동이 강하게 전개되고 있다는 점이다. 이 운동은 크게 두가지 배경을 가지고 있다. 첫째, 물질주의가 팽배한 현대의 기계화된 사회 속에서 영적인 굶주림을 채우고자 하는 욕구가 커지고 이런 요구 가운데서 자연스럽게 영성개발운동이 전개되었다는 점이다. 둘째, 이 운동이 부각된 데는 카리스마운동, 곧 성령운동에 대한 반작용이 있었다. 방언을 하고 신유를 하는 그런 것만이 신앙생활인가? 라고 반문하는 가운데 영성을 개발하자는 운동이 나온 것이다.

영적 성장을 위해서는 말씀의 교육과 훈련이 중요하다. 교육과 훈련을 통해 책임질 수 있는 교인이 되게 하는 것이다. 말씀에 무관심해지면 영성은 근거를 잃을 뿐 아니라 교회의 성장은 둔화된다. 말씀교육은 계속적인 갱신을 가져오고 순종을 가져온다. 영적 성숙이 되지 않은 채 양적 성장만 강조하면 그 교회는 일치점을 찾지 못해 사분오열되기 쉽다. 말씀에 바탕을 둔 영성교육은 일치된 순종을 가져오고 분리를 예방한다.

제자화운동

성장하는 교회는 대부분 제자화운동을 전개하고 있다. 교회성장의 척도는 훈련받은 제자가 얼마나 되느냐에 초점이 맞춰져 있다. 이것은 주일 낮예배에 얼마나 많은 수의 교인들이 모이느냐가 중요한 것이 아니라 그 교회에서 훈련받고 헌신하는 제자들이 얼마나 되느냐 하는 것이다. 제자화훈련이 지속되지 않으면 교회성장은 멎고 만다.

교회의 성장으로 교인의 수에 초점이 맞춰지면서 하나님의 은혜를 값싼 것으로 여기고 제자로서의 윤리적인 삶을 뒷전으로 미루는 현상이 두드러지게 나타나면서 제자화운동의 필연성이 크게 대두되었다. 세례를 받고 성도의 교제도 나누며 성경을 읽는 열심있는 그리스도인임에도 불구하고 인간의 존엄성이나 사회적 불의같은 문제들에 대한 성경의 명백한 가르침에 헌신하지 못하는 신자를 만들어내는 현재의 전도방식은 확실히 문제가 있다.

윤리적인 헌신이나 말씀의 생활화가 없이 성경읽기, 전도, 신앙생활만 강조한다는 것은 열매를 맺지 못하는 무화과와 같다. 매일의 삶의 국면 속에서 제자도가 없는 영성은 종교성일뿐 기독교가 아니라고 말한다.

교회의 성장과 관리

전문사역자의 훈련과 개발

앞으로 교회는 과거와 판이하게 다른 환경에 직면하게 된다. 특히 교회교육은 급속도로 달라지고 있다. 청소년들은 사이버세계에 더욱 익숙해져 있어 교회교육도 이 물결을 얼마나 효율적으로 적응해 나가는가에 따라 성패가 달라진다. 따라서 청소년 교육을 위한 전문사역자의 훈련과 개발이 아주 시급한 실정이다. 이 전문사역에는 신학교육 뿐 아니라 음악, 미술, 연극, 운동 등 다양한 영역에서의 훈련과 개발이 요청된다. 이에 따른 각종 프로그램의 개발과 예산의 지원 등이 요청된다.

제로베이스 프로그램과 예산관리

교회환경이 과거처럼 안정적이었을 때 교회의 프로그램은 단순했고 예산의 책정이나 집행 또한 수월했다. 그러나 현재와 같이 변화가 급속한 환경에서는 프로그램의 설정이나 예산의 책정 및 집행도 어렵게 되었다. 교회의 각종 프로그램은 천편일률적인 것이 아니라 각 교회의 독창성을 요구하고 있고, 그 변화 또한 심하다. 이것은 교회의 여러 활동이 교인들의 다양한 욕구를 만족시켜야 하는 쪽으로 움직이고 있기 때문이다. 이것은 교회행정

또한 과거와 같이 어떤 기준에서 이뤄지는 것이 아니라 그 기준을 생각할 수 없을 만큼 변화의 정도가 크다는 것을 의미한다. 따라서 앞으로의 교회관리는 아예 기준을 고려하지 않는 제로베이스 관리(zero-base management)가 심화될 것으로 예측하고 있다. 프로그램도 과거의 것을 그대로 답습하는 것이 아니라 현재 어떤 것을 교인들이 요구하고 있는가를 조사하여 새롭게 짜며, 예산책정도 과거의 기준년도에 관계없이 제로베이스에 따라 짜여진 프로그램에 따라 책정된다. 인원의 선발도 마찬가지다. 이것은 앞으로의 교회관리가 매우 신축적이지 않으면 안된다는 것을 보여준다.

전략적 관리

교회는 보다 전략적으로 관리 될 필요가 있다. 전략은 장기적 안목, 도전적 자세, 창조적 활동을 필요로 한다. 개교회가 어떤 안목과 자세를 갖느냐에 따라 교회의 발전양상이 달라진다. 목회자가 보다 창조적 목회를 해야 교인들도 창조적인 삶을 살 수 있다. 교회지도자는 특별한 상황에 대한 특정 전략의 장단점을 이해하여 계획을 세워나가야 한다. 전략적으로 잘못된 계획은 교회의 발전을 크게 저해시키며 낭비요소가 된다. 이를 위해서는 교회지도자는 시야를 교회 안에만 두어 우물안 개구리가 되지 말고 교회 밖으로 나아가 보다 힘있는 목회를 할 필요가 있다.

맥가브랜(D. McGavran)에 따르면 교회의 평신도 지도자는 두 부류가 있다. 부류 I에 속하는 지도자는 교회 안에서 주로 조직적인 사역에 정성을 쏟는다. 그러나 부류 II에 속하는 지도자는 지역사회와 관계있는 사역에 관심을 쏟는다. 그는 앞으로 교회가 성장하기 위해서는 부류 II의 지도자들이 많이 개발될 필요가 있다고 주장한다. 물론 교회 지도자 모두가 부류 II의 지도자가 되어야 한다는 것은 아니다. 부류 II의 지도자가 약 10-20% 있다면 그 교회는 보다 적극적인 면모로 바꿔진다.

교회의 전략 가운데 포함되어야 할 사항은 많지만 교회가 지역사회와 유기적으로 연관되어야 한다는 것은 매우 중요하다. 교회가 지역사회없이 존재할 수 없다. 교회가 지역사회로부터 배척을 받으면 존속 자체가 어렵다. 교회는 지역사회에 유익을 주는 교회가 되어야 한다. 교회가 크면 클수록 지역사회에 대한 봉사가 있어야 한다. 교회가 지역사회에 도움을 주게 되면 그 교회의 사정에도 지역사회가 이해를 해준다. 지역주민들로부터 '이 교회는 우리에게 꼭 필요하다,' '우리 자녀에게 도움을 준다'는 생각을 불러일으키는 교회는 성장하게 되어 있다.

개성있는 교회

현재 성장하는 기업은 나름대로의 독자성을 발전시킨 기업이다. 중소기업도 독자성이 있을 때 경쟁력이 있다. 앞으로 교회는 모두 그렇고 그런 교회가 아니라 보다 다른 교회와 차별성이 높은, 특성있는 교회가 발전한다. 헌터(K.R. Hunter)는 교회가 특성이 있어야 발전한다고 주장하고 이것을 사역의 철학으로 발전시킬 것을 강조했다(Hunter, 22).

사실 교회마다 특성을 가지고 있지만 그것이 무엇이고, 왜 그런지를 잘 모르고 있다. 교회는 예배, 제자훈련, 전도, 사회봉사 등 해야 할 일이 모두 같아 보이지만 개교회는 그 하나 하나의 사역에서 담당해야 할 특정 역할이 있다. 전도, 사회봉사, 각종 프로그램 모두에 지역마다의 특성이 반영되어야 하기 때문이다. 따라서 교회는 지역사회가 무엇을 원하고 있는지, 교회가 시행하고자 하는 프로그램이 얼마나 중요하며 효과가 있게 될 것인지, 영적인 성장에 얼마나 도움이 되는지를 조사하고 그 결과에 대한 피드백이 있어야 한다.

보다 개성이 있는 교회가 되기 위해서는 지도이념이 뚜렷해야 하고, 그 방향에 따라 바람직한 교회문화(church culture)를 집단적으로 발전시킬 필요가 있다. 교회문화는 적극적이고 긍정적이어야 하며 교회 전체에 활력을 불어넣을 수 있는 정신적 요소가 충만해야 한다. 만일 교회가 만들어내고 있는 문화가 부정적일 경우 교인들은 소극적일 수 밖에 없다.

교인들은 차별성이 없는 교회보다는 개성이 뚜렷한 교회를 더욱 선호하는 시대로 접어들고 있다. 앞으로 교회가 어떤 특색을 유지해야 할 것인가 하는 것은 교인과 목회자의 선택에 달려있다. 변화하는 교회, 이웃과 함께 하는 교회, 열린 교회, 창조적인 교회는 현대교회의 모토이다.

【 도움되는 말 또는 사례 】

＊ 네트워킹선교회

윌로우크릭교회는 4천 명의 자원봉사자의 노동력으로 움직이고 있다. 이 노동력의 정체성을 밝히고, 강화시키는 전략은 사람들로 하여금 자신들의 은사를 발견하도록 돕고, 그들에게 그 은사들을 드러낼 기회를 제공하는 것을 목표로 한다. 교회는 각자의 은사에 따라 봉사할 수 있도록 한다. 각자의 사역에서 열심을 가지고 봉사할 수 있는 자리에 사람들을 정확히 배치하는 것은 교회발전의 열쇠가 된다.

교인들로 하여금 여러 사역에 있어서 자신들의 적절한 위치를 발견하도록 돕는 기관으로 네트워킹선교회(networking ministry)가 있다. 이 선교회를 통해 교인들은 네 번의 두 시간 짜리 자기평가와 발견위원회에 참석한다. 선교회는 교인 각자의 은사와 영적 성숙의 차원 그리고 자기평가에 어울리는 가능한 사역영역을 밝히고, 적성에 맞는 자리에 배치함으로써 의미있는 봉사를 시작하도록 한다.

* 교인들의 요구에 부응하는 교회프로그램

K교회에는 의사들의 모임인 누가선교회가 있다. 이 선교회 회원들은 매주 2명씩 당번이 되어 교회 일대의 가난한 사람들을 진료하고 처방해준다. 판사, 변호사도 마찬가지로 주일마다 당번을 정해 법정상담을 해준다. 교수가 학생들의 진로상담을 해주고, 고3 학생들을 위한 모임에 참석해서 기도해 준다. 중·고등학생들에게 메시지를 정리하게 하고, 잘 정리한 사람은 시상한다. 이로 인해 나중에 대학입시 논술고사에서 좋은 성적도 얻는다. 교회에서는 이렇게 서로가 모두 연결되어야 한다. 교회가 교인들의 요구에 부응하는 프로그램을 가져야 한다. 노인대학, 유치원, 장애자를 위한 각 프로그램을 가질 때 그 교회는 빨리 성장할 수 있다. 사람들이 프로그램 때문에 교회를 선택하는 경우가 많기 때문이다(김선도, 53).

【 생각해 볼 문제 】

1. 교회성장은 꼭 양적 성장만을 의미하지 않는다. 교회성장이란 무엇이며 그것에 포함되어야 할 것은 무엇인가?
2. 교회가 성장하기 위해서는 변화에 보다 적극적이어야 한다. 현재 당신이 속한 교회는 변화에 대해 어떤 생각들을 가지고 있는가?
3. 교회가 활성화되기 위해서는 무엇이 변해야 하는가? 교인 중심의 목회가 왜 교회활성화에 도움이 되는가?
4. 영성개발에 관심이 많아진 이유는 무엇인가? 영성개발을 위해 교회가 강조해야 할 사항은 무엇인가?
5. 교회의 각종 프로그램이나 예산이 제로베이스가 되고 있는 것은 무엇 때문인가?

【 참고문헌 】

- 김선도, '성장하는 교회, 열린 목회', 「목회와 신학」, '90년 2월, 43-56쪽.
- 빌 하이블스, '윌로우크릭교회와 빌 하이블스의 목회', 「목회와 신학」, 1996년 10월, 265-277쪽.
- Hunter, K.R., Your Church Has Personality(TN : Abingdon, '86).
- Jones, B.W., Ministerial Leadership in a Managerial

World(IL: Tyndale, 1988).
- Ray, D.R., Small Churches Are the Right Size(NY: Pilgrim, '82).
- Schaller, L., The Multiple Staff and the Larger Church(TN: Abingdon, 1980).
- Womack, D.A., The Pyramid Principle(MN : Bethany Fellowship, '77).

14. 미래사회와 교회행정

3순세기 도래와 교회의 속성변화

 서기 2000년은 새로운 천년기를 맞는 획기적인 해이다. 이것은 우리로 하여금 단지 21세기라는 백년을 내다보는 교회행정이 아니라 천년을 내다보는 교회행정을 해야 한다는 것을 의미한다. 지금까지 백년은 긴 세월이었다. 그러나 앞으로 백년은 그리 긴 시간처럼 느껴지지 않을 것이다. 변화의 속도도 빠르고 속성도 크게 달라지기 때문이다. 특히 21세기는 3순세기(三旬世紀, the third millennium)의 첫 백년이라는 점에서 그 천년의 성격을 규정짓는 중요한 시기이다. 따라서 앞으로 미래를 예측하고 그것에 맞는 목회방향을 설정하는 것은 교회경영학적으로 보아 매우 중요한 일이다.
 지금까지 교회는 종말에 대해 많이 얘기해 왔지만 미래의 변화에 대해서는 그리 관심을 가지지 않았다. 그러나 그리스도인이라면 미래에 관심을 가져야 하고, 특히 기독교적 관점에서의 미래학(Christian futurology)을 말할 수 있어야 한다.

3순세기는 1순세기나 2순세기와 속성이 다르다. 3순세기는 교회성이 문제되는 시기이며 따라서 참교회성을 회복하려는 움직임이 보다 강렬해진다. 정보고속도로의 발판이 마련되면서 교회의 모습이 달라지고 교회에 대한 사람의 태도가 달라진다. 3순세기 후기에는 심지어 인류가 다른 항성으로 이동해 살면서 항성교회가 발생할 것으로 예측되고 있다. 한 지구 안의 목회자도 한 곳에서 정착된 목회를 하기보다 기동성있는 목회를 하게 된다. 다음의 표는 앞으로 교회가 어떤 모습으로 변화되며, 교회행정이 어떻게 변화되어야 하는지를 말해준다.

1 순세기	2 순세기	3 순세기
· 교회의 발아 및 확장	· 교회의 명목화	· 참교회성 회복
· 교리의 정립	· 교회의 개혁	· 공동교회
· 유럽대륙중심	· 기독교의 세계화	· 교회의 항성화(항성교회)
· 건물교회	· 라디오, TV	· 정보고속도로
· 단일성교회	· 교파중심	· 다양성 존중
· 발과 손	· 눈, 귀, 입	· 머리, 가슴

21세기에 있을 교회의 변화는 지금과는 판이하게 다르다. 그 몇 가지를 살펴보면 다음과 같다.

글로벌 교회의 확산

지금까지는 개교회는 지역교회로서, 개교회 목회자는 지역교회의 목회자로서 역할을 성실히 감당해 왔다. 그러나 앞으로는 개교회나 목회자들이 지역교회나 한 곳의 목회자로서만 안주하지 못하는 시대가 도래한다. 이른바 교회개방시대가 온다.

모든 목회자가 세계적인 목회자가 되는 것은 아니지만 목회자의 세계화가 빠르게 진행된다. 영어가 글로벌 언어로 자리를 잡으면서 한국에도 외국인 목사가 위임목사로 초빙되며, 우리 목사도 외국으로 간다. 이른바 목회자들의 지구적 분담(global sharing)이 시작된다. 이것은 지구적인 목회적 돌봄(global ministrial care)이 더욱 요청된다는 것을 의미한다.

교회도 지구적으로 확산된다. 한 지역의 개교회로서만 존재하는 것이 아니라 경쟁력있는 교회는 세계 곳곳으로 나가게 된다. 이러한 과정에서 외국의 교회들이 한국에 들어온다. 인공위성이 더 많이 띄워지면서 다채널시대가 도래하게 되는데 그 때는 채널을 통한 교회의 세계화가 확산될 전망이다. 21세기 초에 우리 안방에는 수천, 수만의 TV채널이 들어오게 되며, 그중에 상당수 교회는 여러 채널을 확보하면서 교회의 세계화를 선도하게 될 것이다.

보이지 않는 교회의 등장

지금 C&C, 곧 컴퓨터와 커뮤니케이션의 결합을 통해 정보화 사회가 빠르게 형성되고 있다. PC를 통한 인터넷이 안방을 찾아오고, 이것의 활용이 세계적으로 급격히 확산되면서 세계인의 커뮤니케이션 뿐 아니라 삶의 양식도 크게 변화할 것으로 전망되고 있다. 지금의 인터넷은 앞으로 다가올 정보고속도로 세계의 그림자와 같다. 정보고속도로 작업이 세계적으로 연결되는 시기가 오면 그 변화는 상상을 초월할 정도로 크다. 그 작업이 21세기 초기에 이뤄질 것으로 내다보고 있다. 미국을 비롯한 여러 나라에서 경쟁적으로 그 사업에 뛰어들고 있기 때문이다.

통신에 혁명이 일어나고 모든 것이 전자화되면서 교회에도 변혁을 가져오고 있다. 앞으로는 보이지 않는 시장의 규모가 보이는 시장을 압도할 것으로 예측하고 있듯이, 보이지 않는 가상교회의 역할이 커질 것으로 예측되고 있다. 보이는 교회는 많은 비용이 들지만 인터넷교회 등 가상교회는 비용이 들지 않고 많은 교인을 확보할 수 있으며 전천후 예배와 봉사가 가능하다. 모든 것은 온라인으로 연결된 인터넷 연결망이나 정보고속도로에서 이뤄진다. 소프트웨어가 하루가 다르게 변하고 발전하듯 인터넷교회의 활동양상도 하루가 다르게 변화될 것이다. 지금 원격교회 · 원격예배는 물론 원격전도 · 원격선교 · 원격신앙고백 · 원격세례 등이 언급되고 있다(이재규, 63-64). 앞으로는 심지어 가상목회자가 등장하게 될 것이다. 당장은 프로그램화된 것에 한정되겠지만 앞으로 인공지능의 발달정도에 따라 영적 목회활동에 참가하는 정도도 달라질 것이다. 그렇다고 보이는 교회의 역할이 줄어드는 것은 아니다. 그만큼 다양화된다.

많은 사람들은 가상교회에 대해 매우 회의적이지만 인터넷이나 정보고속도로를 이용하는 사람이 많아지면서 이것은 현실적으로 나타나게 되며, 그것은 목회자가 피할 수 없는 영역이 된다. 오히려 마우스에만 익숙해진 인간들에게 영적인 터치를 해야 하는 중요성과 그 역할이 커질 것이다.

기능교회의 등장

앞으로 교회는 보다 다양해지고 교회마다 특색이 있게 된다. 다른 교회와의 자그마한 차이가 그 교회를 특색있게 만들고, 많은 교인들은 그런 교회를 택하게 된다. 차별성이 없는 교회가 많아지는 것보다 개성이 돋보이는 교회의 출현을 기다린다. 신세대가 새로운 시대의 주인공이 되면서 더욱 요구된다. 이것은 전체적으로 볼 때 다양한 기능교회(functional church)의 등장을 예고케 한다. 나름대로 특색있게 기능하는 교회가 살아남게 되기 때문이다. 한 교회가 사회의 다양한 욕구를 충족시킬 수 없다. 물론 이것도 충족시키고 저것도 충족시킬 수 있는 만능교회라면 문제가 다르다. 그러나 그렇게 할 수 있는 교회는 많지 않다. 지금은 지역별 교회가 대부분이지만 앞으로는 유년교회 · 청소년교회 · 노년교회 · 여성교회 · 직업별 교회 · 취미별 교회 · 종족별 교회가 등장하게 될 것이며 그것과 관계되는 전문목회자들이 등장하게 될 것이다.

공동목회의 확산

지금까지의 목회는 위계적 목회였다. 담임목사를 정점으로 위계가 철저히 이뤄져 왔다. 교회는 위계사회가 아님에도 불구하고 교회만큼 철저하게 위계를 지켜온 곳도 드물다. 그러나 앞으로는 정보의 공유와 함께 평등사상이 깊게 자리를 잡으면서 사회는 평등사회로, 교회는 위계적 목회구조를 탈피하는 쪽으로 바뀐다.

이와 함께 교회는 앞으로 공동목회를 선호하게 될 것이다. 한 사람의 담임목사가 아니라 여러 담임목사가 공동의 책임을 가지고 목회하게 된다. 이것은 교회가 글로벌화되고, 교인들의 욕구가 다양화해지면서, 팀목회의 필요성이 강조되면서 더욱 확산 될 것이다. 한국교회는 오랜 유교적 문화에 젖어 위계적 구조를 저해하는 언행 자체가 금기시되었다. 그러나 권위는 위계보다 능력과 전문성에 있다는 인식이 확산되면서 급격히 파괴되고 있다.

교회행정의 역사적 변화

브루스 존스(B.W. Jones)에 따르면 교회행정은 역사적으로 감독제 모형, 장로교 모형, 회중중심적 모형, 그리고 카리스마적 모형으로 발전해왔다(Jones, 1988).

감독제 모형은 군주정치적 모형이다. 이것은 사도시대 이후 발전하여 현재 로마 가톨릭 교회, 그리스 정교회, 스웨덴의 루터교 및 영국의 국교회가 채택하고 있다. 미국의 감리교와 루터교, 그리고 몇몇 교단이 이 형태를 수정한 정치조직을 가지고 있다. 이 모형은 한 지역교회에 대해 한 사람의 감독이 권력을 독점하는 군주체제에서 출발하였다. 그후 이 모형은 몇몇 지역교회들을 관할하는 교구감독의 위치로 발전했다. 이 체제는 사도직 계승(가톨릭) 또는 역사적 계승(감독제)의 교리에 바탕을 두고 있다.

장로교 모형은 공화정치의 모형이다. 종교개혁이 시작된 이후 칼빈은 「기독교 강요」를 저술하고 신약의 감독 및 장로라는 말을 지역교회의 지도자들에 대한 공식명칭으로 사용함으로써 이 모형을 확립했다. 대부분의 초대교회 교부들이 감독제도가 정립된 이후에도 이것을 인정한 사실이 있으며, 현재 장로교와 개혁교회에서 이 모형을 채택하고 있다.

회중중심주의는 청교도와 침례교에서 그 근원을 찾는다. 엘리자베스 여왕이 통치하던 16세기 영국의 국교회는 로마 가톨릭을 배척했고, 더 순수한 개신교주의를 지향했던 사람들도 영국 국교회의 감독제를 거부했다. 초기 청교도인 카트라이트(T. Cartwright)는 칼빈에게 동조하여 장로파주의를 강조하기도 했다. 그러나 회중중심주의를 선호한 분리주의자들은 영국 국교회를 떠나 더 포용성이 있는 네덜란드에 정착했다. 후에 그들은 메이플라워호를 타고 항해하여 뉴잉글랜드 지역에 자유의 교회들을 설립하였다. 영국 제도(the British Isles)의 침례교회들은 회중중심체제의 원리를 발전시켰다. 회중은 의사결정과정에 참여하여 주인으로서 권리를 행사한다. 미국 독립운동이 일어나기 10년 전 토마스 제퍼슨은 침례교회 정치체제가 순수한 민주주의 형태로, 미국 식민지를 위한 최상의 계획으로 간주했다.

카리스마적 모형은 20세기에 가장 급성장하는 교회들에서 나타났다. 즉, 20세기 괄목할 만한 대형교회의 성장요인은 자유롭게 발휘된 카리스마적 지도력이다. 그것은 영적 은사의 개발이라기보다 다른 사람들을 지도할 수 있는 매력적인 인품을 뜻한다. 이 모형은 회중중심이라기보다 목사중심이다. 목사가 교회를 위해 목표나 계획을 세우고, 목사가 최고행정가가 되며, 교역자에 대해 직접 관리를 하고, 재정을 관리하며, 구령사업에 힘쓴다.

이러한 모형들의 역사적 발전은 현대교회가 왜 여러 형태의 행정모형을 계속 유지하고 있는가를 설명해 준다. 그러나 이러한 모형은 하나님과 인간의 관계, 창조성 및 변혁성 여부 등에 어떤 답을 제시하지는 못한다. 따라서 다음과 같은 4상한 행정모형이 제시된다.

교회행정의 4상한

교회행정의 유형을 여러 가지 차원에서 살펴볼 수 있지만 크게 하나님과 인간관계, 창조성 및 변혁성이라는 두 차원으로 축약할 수 있다. 하나님과 인간관계차원은 교회행정의 중심이 하나님 중심인가 아니면 인간 중심인가 하는 것을 말한다. 그리고 창조성과 변혁성 차원은 이 세상의 것에 관심을 두고 안일에 빠졌는가, 아니면 하늘에 소망을 두고 현재의 문제상황을 보다 창조적이고 변화지향적으로 개혁하고자 하는가를 따진다.

이 두 차원을 고려할 경우 1상한 행정, 2상한 행정, 3상한 행정, 그리고 4상한 행정 등 모두 4 가지 상한의 행정유형이 나온다.

상한으로 본 행정유형

```
                    하나님 중심
                         |
         3상한 행정    |  4상한 행정
         (보수적 행정) |  (개혁적 행정)
                         |
안일과 무변화 ───────┼─────── 창조와 변화
                         |
         1상한 행정    |  2상한 행정
         (천민적 행정) |  (급진적 행정)
                         |
                    인간 중심
```

1상한 행정은 일종의 천민적 목회행정(pariah ministry)이다. 천민적 목회행정이란 천민이 출세를 해서 목회를 하는 것을 의미하지 않는다. 생각이나 행동에 있어서 바람직하지 못한 것을 의미한다. 이것은 천민자본주의적 사고를 가지고 행동하는 것과 같다. 천민적 목회행정은 근본적으로 그 마음에 하나님이 없고, 삶의 초점도 현재에 맞춰져 있다. 목회자의 마음 속에 하나님이 없다는 것은 말도 안되지만 실제 그런 목회자들이 많다. 입만 열

면 진리, 하나님의 뜻, 하나님의 영광, 성령충만을 외치지만 그것은 입술에 그칠 뿐이다. 하나님보다 자기유익에 급급하다. 교인들의 영적 부요를 말하지만 실상 목회자 가정의 물질적 부에 더 관심이 크고, 가난한 이웃을 돕자고 말은 하지만 사실상 자기교회만 풍족하면 걱정이 안되는 그런 목회이다. 목회도 미래지향적이기보다 현재중심이다. 이 세상의 것에 더 치중하고, 변화나 개혁보다는 현상유지에 더 매달린다. 자기의 기득권을 저해하는 일이 발생하면 수단과 방법을 가리지 않고 막는다.

2상한 행정은 급진적 목회행정(radical ministry) 유형이다. 이 목회행정은 하나님보다 인간상황의 개선에 관심이 크다. 그렇다고 하나님을 생각하지 않는 것은 아니다. 하나님을 말하고 그 나라의 확장을 강조하지만 그것은 인간 상황의 개선에 치중되어 있다. 2상한 행정은 현실에 안주하지 않고 변화를 시도하며 무엇보다 개혁적이라는 점에서 어떤 목회유형보다 특색이 있다. 이 유형은 인간중심이지만 자기이익만 추구하는 1상한의 인간중심과는 근본적으로 다르다. 즉, 이타적 인간중심이다. 남미의 해방신학이나 우리의 민중신학에 배경을 둔 목회행정만 이에 해당하는 것은 아니다.

3상한 행정은 보수적 목회행정(conservative ministry) 유형으로 보수신앙을 강조하는 교회에서 많이 나타난다. 이 유형은 하나님과 인간의 관계에서 인간과의 관계보다 하나님과의 관계에 더 비중을 두고 있다. 그렇다고 이 유형이 인간에 대해 관심을 두지 않는다는 것은 아니다. 그 비중에 있어 현격히 차이가 있다는 것이다. 3상한 행정은 변화나 개혁을 강조하지 않는다는 점에서 현재중심이다. 개혁을 얘기한다해도 급진보다는 점진개혁을 선호한다. 흔히 보수적 목회자는 이 세상보다 저 세상에 더 관심을 둔다고 생각하기 쉽다. 그래서 현재보다 미래지향적이라는 생각을 한다.

그러나 그것은 언제나 옳은 말이 아니다. 3상한 목회자는 이 세상보다 저 세상의 삶에 대해 관심이 많은 듯 말을 하지만 실제로는 이 세상의 것에 더 관심이 많다. 이른바 보수적이라는 교회일수록 건물이 더 크고 교회재산에 더 관심이 많은 것은 이것을 입증하고 있다. 자기의 것을 나누는 것보다 지키는 데 관심이 많다. 이것은 미래지향적이 아니다.

4상한 행정은 개혁적 목회행정(reforming ministry) 유형이다. 이 유형은 하나님과의 관계와 사람과의 관계 모두에 있어서 개혁적이며, 삶의 자세 모두에 있어서 개혁적이다. 이 유형은 무엇보다 하나님 중심이며 변화지향적이다. 이 목회의 기본은 하나님 중심이지만 결코 인간을 경시하지 않으며 하나님이 우리를 사랑하신 모범을 따라 인간을 사랑한다. 또한 현재에 안주하지 않는다. 현재의 문제를 하나님의 눈으로 바라보고 바로 고쳐나가고자 한다. 개혁적 목회행정은 바른 가르침(orthodox)과 바른 실행(orthopraxis)을 강조한다. 교회에서의 가르침도 올바라야 할 뿐 아니라 그 가르침에 따라 생활에 나타나는 행동도 올바라야 한다.

현재 한국교회의 행정 모습은 하나님 중심이라기보다 인간중심이며, 미래지향적이기보다 현재중심이라는 비판을 받고 있다. 이것은 우리의 목회행정모형이 1상한 목회에 있다는 것을 의미한다. 물론 2상한 목회자도 있고, 3상한 목회자도 있다. 그러나 21세기 우리의 목회행정 모델은 4상한이어야 한다. 4상한 행정

이 되어야 교회가 바로 설 수 있고, 하나님께 영광돌리는 교회가
될 수 있다.

각 상한 행정의 특성

1상한 행정	천민적 목회행정 유형 입으로는 하나님을 말하지만 그 속에는 하나님보다 자기만 있다. 개혁을 위한 조치보다 현상유지에 급급하다.
2상한 행정	급진적 목회행정 유형 하나님을 향한 관심보다 인간의 향상을 위한 관심이 더 크다. 현실개혁적이며 변화를 지향한다.
3상한 행정	보수적 목회행정 유형 인간에 대한 관심보다 하나님을 향한 관심이 더 크다. 개혁에 대해서는 관심이 적다.
4상한 행정	개혁적 목회행정 유형 하나님과 인간관계 모두에 개혁적이다. 바른 가르침과 바른 실행에 역점을 둔다.

4상한 행정으로 진입하기 위해서는 두 가지 차원에서의 근본적인 개혁이 요구된다.

하나님의 것을 회복하는 교회

교회행정의 목적은 교회를 하나님이 기뻐하시는 방법으로 관리하여 교회가 교회답게 하는데 목적이 있다. 교회는 시대와 상황 속에 자리잡고 있기 때문에 시대에 따라서 그리고 상황에 따라서 하나님의 뜻을 바르게 세우고 효율적으로 조직화하고 통제하여 생산성 향상, 곧 하나님 나라를 크게 확장할 필요가 있다.

교회관리자는 단지 교회를 크게 세우고, 교인의 수를 늘리며,

교인들 위에 스타처럼 군림하는 데 목적을 두지 않는다. 그것은 천민목회이다. 오직 하나님의 뜻을 이 땅에 세우며 그 나라를 확장함으로써 그 모든 결과를 통해 인간 자신이 아니라 하나님께 영광을 돌리는 것이 하나님 나라의 시민으로서의 바른 교회행정이다. 이런 점에서 볼 때 현재 한국교회는 문제가 많으며, 그것으로부터 크게 방향전환을 하지 않으면 안 된다. 교회행정은 바로 이 문제점을 깨닫고 보다 바람직한 방향으로 나가야 한다. 그것이 바로 교회관리자의 할 일이다.

교회행정적으로 볼 때 한국교회는 잃었던 하나님의 것들을 하루 빨리 회복해야 한다. 입으로는 하나님을 말하고 진리를 외치지만 하나님과 진리와는 거리가 먼 생활을 하고 있기 때문이다. 21세기 행정은 근본적으로 하나님의 것을 회복하는 교회가 모델로 설정되어야 한다. 교회가 하나님의 교회가 되기 위해서는 무엇보다 오늘의 한국교회의 구조를 인간의 영광을 위한 교회가 아니라 하나님의 영광을 위한 교회로 바꿔야 한다. 교회는 원래 하나님의 교회(ekklesia tou Theou)이다. 그러나 현대 교회는 하나님의 교회를 사람의 교회로 만들었다. 교회가 인간의 욕심을 충족시키는 도구로 변질된 것이다. 분명한 것은 교회는 사람들의 영광을 위해 존재하는 것이 아니라 하나님의 영광을 위해 존재한다. 따라서 교회행정의 목표도 하나님에 두어야 한다.

바벨탑사건은 이 점에 관한 한 여러 교훈을 주고 있다. 이 사건은 인간의 집단 이기주의적 성향과 문화업적의 과시에 하나님이 어떻게 반응했는가를 보여준다. 사람들이 문화업적에 대한 과시욕과 하늘에 도전하고 싶은 욕망을 통해 안보, 단결, 세력확대, 명성을 확보하고자 했다. 그 속에서 우리는 하나님을 발견할 수 없다. 오히려 하나님에 도전적이다.

　일반경영의 측면에서 볼 때 바벨탑을 쌓던 사람들은 빈틈이 없었다. 언어가 하나였다는 것은 집단경영에서 중요한 의사소통이 얼마나 원활했는가를 보여준다. 벽돌과 역청을 사용한 것은 그들이 가진 기술과 개발능력이 얼마나 뛰어났는가를 입증한다. 벽돌을 빚어 단단히 구어내자는 각오와 하늘에까지 닿아 그들의 이름을 날리자는 것, 그리고 똘똘 뭉쳐 그들의 세력을 유지해 나가자는 것 모두 그들의 목적과 단결력을 과시하고 있다.

　이러한 빈틈없는 관리원칙에도 불구하고 그들이 바벨탑을 완성할 수 없었던 것은 목적설정 자체가 근본적으로 틀렸기 때문이다. 경영을 성공적으로 하기 위해서는 기술 · 의사소통 · 단결력도 중요하지만 무엇보다 목적이 바르게 설정되어야 한다(김중기, 1996).

미래중심의 창조적 교회행정

　교회행정은 현재중심에서 미래중심으로 전환되어야 한다. 미래중심이란 단지 시간적인 것만 말하지 않는다. 시간적으로는 장기적이고, 공간적으로는 우주적이며, 사고와 행동으로는 창조적인 것을 의미한다.

　한국의 목회자는 공간적 시야도 좁고 시간적 시야도 좁다고 말한다. 자기교회만 알고, 당대의 평안한 목회를 바라고 있기 때문이다. 사고와 행동으로 보아도 창조적이기보다 무사안일하다. 이것은 1상한 목회의 대표적 유형이다.

　일부 깨어있는 목회자는 2상한이나 3상한에 머물러 있기도 하다. 2상한은 미래지향적이기는 하지만 그것은 자기의 목회성공에 초점이 맞추어져 있다. 리엔지니어링이나 벤치마킹, 학습조직 등

최신의 경영방식을 사용해서라도 자기교회를 확장하고 자기의 이름을 내는데 더 관심이 있다. 교회관리에 적극적이기는 하지만 목적에 있어 문제가 많다. 3상한 목회행정은 자신보다 하나님을 위한 자세는 바로 되어있으나 현재에 머물러 있다. 보다 나은 미래를 구축하기보다 지금 있는 상태로 만족한다. 현상유지를 지향하기 때문에 교회는 더 이상 발전하지 못한다.

한국교회가 보다 달라진 교회행정을 하려면 4상한을 목표로 삼고 미래지향적 목회행정을 해야 한다. 교회지도자는 4상한 행정을 위해 어떤 관리자적 태도를 가져야 하는지 고민할 필요가 있다. 고민하지 않는다면 개선될 가능성이 없기 때문이다.

미래지향적 교회행정을 위한 제언

보다 미래지향적 교회행정을 위해서는 여러 차원에서 패러다임의 변화가 필요하다. 그 몇가지를 살펴보면 다음과 같다.

변혁에 대한 인식

머피의 법칙에는 '어떤 일이 순조로워 보일 때는 무엇인가 잘못되고 있는 것이다'는 법칙과 '어떤 일이 순조로워 보일 때는 무엇인가를 간과하고 있는 것이다'는 법칙이 있다. 교회관리자는 현재에 안주하면 안 된다. 안주하는 사람은 교회관리자가 될 자격이 없다. 교회변혁을 위해서는 사회가 어떻게 변하는지 관심을 가져야 한다. 특히 기술의 변화에 주목한다. 지금 세계는 전등이 발명되기 이전보다 더 놀랍게 변하고 있다. 기술도 가속적으로 발전하고 있다. 이렇게 가다가는 어떤 세상이 올지 모를 만큼 변화가 무쌍하다. 이러한 변화속도는 교회에도 영향을 미친다.

하지만 많은 교회지도자들은 변화에 너무나 둔감하다. '아테네와 예루살렘은 다르다'고 말한 교부처럼 교회와 세상은 다르고, 하나님의 오심과 지금의 변화와는 아무런 상관이 없는 것처럼 생각하는 사람이 너무나 많다.

그러나 그러는 사이에도 변화는 계속되고 있다. 변화를 모르는 교회지도자는 미래를 준비하지 못할 뿐이다. 급격한 변화라 말하기가 무색하리만큼 변화속도가 더욱 빨라지고 있다. 인터넷이나 2천년 초기에 광범하게 자리잡게 될 정보고속도로는 3순세기의 빠른 변화를 예고하는 신호에 불과하다. 교회지도자에게 변화에 대한 인식이 더욱 확산될 필요가 있다.

질적 목회

2순세기의 교회는 크고 호화로운 교회를 지향해왔다. 그러나 3순세기의 교회는 건물의 크기보다 기능이 강조된다. 따라서 검소하고 작지만 아름다우며 다양한 기능을 수행할 수 있는 교회가 더 각광을 받게 된다. 교회가 검소하게 만들어지지 않는다면 모두에게 열려진 교회가 되기 어렵다. 교인들이 편리하고 실용적으로 사용할 수 있도록 내부설계를 바꾸고, 지역주민들에게 열린 공간이 될 수 있도록 해야 한다. 앞으로는 교회의 역할이 교인은 물론 지역주민들에게 도움을 주는 쪽으로 바뀌게 되기 때문이다.

교회구조가 이렇게 변화될 때 복음전도를 위한 분위기 조성도 될 뿐 아니라 교회가 친근한 자리로 자리잡게 된다. 따라서 무조건 큰 교회, 호화로운 교회로의 지향은 지양되어야 한다.

통신의 영성회복

　미주리대 교수 메릴(J. Merrill)에 따르면 놀라우리 만치 순조롭게 진행되고 있는 것처럼 보이는 정보고속도로는 사실 도덕적 또는 윤리적으로 대단히 큰 결함을 가지고 있다는 것이다. 그는 정보고속도로상의 정보들이 통제없이 노출되어 비윤리적 행위라는 망령을 소생시킬 가능성이 높다고 주장했다. 많은 사람들은 과학기술의 발달에 호기심을 갖고 그에서 비롯되는 즐거움에만 매료될 뿐 정보의 신뢰성 등에 대해서는 심각하게 생각하지 않고 있다. 언론윤리의 기본적인 특성은 진실성, 신뢰성, 완벽성, 중립성, 공정성, 진지성에 있다. 그러나 정보고속도로의 정보 중 많은 부분은 이러한 보편윤리와는 무관하게 유통될 수 있다.

　정보고속도로에는 중상모략, 유령학술단체나 기업의 이론발표 또는 모집광고, 공공을 가장한 이름 모를 사람들의 대단히 주관적인 주장 등이 나타나고 있다. 특히 익명의 기고자들이 정보고속도로의 전면에 나타나 만인의 저널리스트화가 생기고 있다. 이것은 미래 저널리즘이 연구해야 할 과제이다. 특히 저널리스트의 책임인 기본윤리와 무관하게 익명성, 표절, 가십, 조작과 거짓말, 심지어는 무절제한 포르노까지 제공되는 것은 분명 저널리즘의 부정적 측면이다. 앞으로 기술력의 발전이나 일반인들의 정보산업 참여확장과 더불어 이는 더 악화될 가능성이 높다. 정보의 자유는 확산되어야 하지만 쓰레기정보에 대한 통제는 필요하며 그에 앞서 우선 윤리성 회복이 시급하다(Merrill, 1996). 이것은 통신에 영성이 회복될 필요가 있으며, 이 일에 교회가 참여해야 할 부분이 많다는 것을 보여준다.

【 도움되는 말 또는 사례 】

* 평신도 중심의 봉사적 디지털형 교회

인터넷시대는 다른 말로 수용자 중심의 사회다. 수용자가 공급자를 움직인다. 이때의 수용자는 대중이 아닌 주체적 개인이다. 이러한 개인은 계층적 문화를 거부하게 마련이다. 그동안 전통교회는 성직자 중심의 교권적 계층문화를 암암리에 형성해왔다. 이러한 문화에 대항하여 인터넷시대의 교회는 성직자 중심으로부터 평신도 중심의 신학과 제도로 전환시키지 않으면 안되는 상황에 직면하고 있다. 무엇보다 성직자 중심의 교회는 인터넷시대의 교회가 될 수 없다. 인터넷시대는 수도꼭지에서 물 나오는 듯한 하향식 전달이 아닌 쌍방향적 커뮤니케이션 시대이기 때문이다. 따라서 목회자 자신의 신학이나 특정교단의 전통을 전면에 내세우기보다는 신자들의 영적이며 실제적 요구에 부응할 수 있는 다양한 신학적 처방을 내려주고자 하는 유연성이 필요하다(최인식, 55).

【 생각해 볼 문제 】

1. 3순세기에 교회는 어떤 변화가 있을 것으로 생각하는가? 그 변화에 따른 교회의 대책을 말해보라.
2. 4상한 목회행정이 추구하는 의미는 무엇이며 이를 위해 교회는 어떻게 변화되어야 하는가?
3. 정보화사회가 교회에 준 영향은 무엇이며, 교회가 이 시대를 선도하기 위해 해야 할 일은 무엇이라고 생각하는가?

【 참고문헌 】

- 김중기, "바벨탑사건과 경영의 원칙", 「현대와 신학」, 21(1996).
- 이재규, '인터넷 선교에 눈을 떠라', 「목회와 신학」, 1996년 10월, 57-65쪽.
- 최인식, '인터넷 소란시대. 교회가 잘 될까', 「목회와 신학」, 1996년 10월, 49-56쪽.
- Jones, B.W., Ministerial Leadership in a Managerial World(IL: Tyndale, 1988).
- Jones, R., 'Realistic Principles of Church Growth', Current Thougts and Trends, April 1994.
- Merrill, J., 「정보고속도로상의 윤리적 함정: 그 위험한 전도」(전남대학교 신문방송학과 창설 15주년 국제심포지엄, 1996년 11월 22일).
- Gates III, W.H., The Road Ahead(Microsoft Press, 1996).

현대인을 위한 신학총서1

교회행정학

초판발행 1998년 4월 20일
초판5쇄 2018년 10월 26일

지은이 양창삼 교수
편　집 대한예수교장로회총회 교육부
제　작 대한예수교장로회총회 출판부
발　행 대한예수교장로회총회

주　소 서울시 강남구 영동대로 330
전　화 (02)559-5655~6
팩　스 (02)564-0782
인터넷서점 www.holyonebook.com

출판등록 제1977-000003호
ISBN 978-89-8490-130-8 03230

ⓒ1998, 대한예수교장로회총회